Peter Gitzinger · Linus Höke · Roger Schmelzer

Das böse Buch für Juristen

Peter Gitzinger · Linus Höke · Roger Schmelzer

DAS BÖSE BUCH FÜR

JURISTEN

Mit Illustrationen von Ari Plikat

Lappan

Eröffnungsplädoyer
(Ein Manuskript)

„Hohes Gericht, verehrte Geschworene,
wir befassen uns heute mit einem beson-
deren Fall, der hier vor uns liegt: das
böse Buch für Juristen. Wir haben die
Ausführungen des Klägers gehört. Das
Leben von Juristen, wird da behauptet,
sei trocken und verstaubt. Humor sei
bei ihnen etwa so angebracht wie das
Servieren von Tofu-Bällchen auf einem
Jahrestreffen der Hells Angels.
Aber, meine Damen und Herren, fragen
wir uns doch Folgendes: Sind Juristen
Menschen wie du und ich? - Ja! … Sind
sie Paragrafenhengste? - Vielleicht. …
Sind sie langweilig? Unlustig? - Nein,
das sind sie nicht. Ganz sicher nicht.
Wir werden auf den nächsten etwa ein-
hundert Seiten den Nachweis erbringen,
dass sich die Gegenseite im Irrtum
befindet. Wir werden beweisen, dass

hier nicht vergessen: verächtliches Spiel der Mund-winkel

hier - wie eingeübt - dramatisches Senken der Stimme

der Alltag von Juristen nicht nur voller Absurditäten und Verrücktheiten ist, sondern auch geeignet, uns zu dem zu bringen, was die Sachverständigen üblicherweise als „Lachen" bezeichnen.

kunst-
volle
Pause
lassen

Und damit, .ɒ … dass dieser Berufsstand es wert ist, ein lustiges Buch über ihn zu verfassen.

Zu diesem Zweck werden wir zahlreiche Beispiele und Zeugen vorbringen: dauergoogelnde Mandanten, Richter, die eine seltene Meisterschaft in der Anwendung von Arbeitsvermeidungsstrategien erreicht haben, rechtschreibschwache Anwaltsfachangestellte und vieles mehr - Verblüffendes, Überraschendes, Seltsames. Und wenn wir unsere Darlegungen abgeschlossen haben, dann, verehrte Geschworene, wird zweifelsfrei feststehen: Jeder, der diesen Beruf ergreift, muss irgendwo ein ganz, ganz klein wenig wahnsinnig sein. Oder ziemlich wahnsinnig. Oder komplett durchgeknallt. In diesem Sinne wünsche ich uns allen viel Spaß. Meine Damen und Herren, hohes Gericht, ich danke Ihnen."

Dran denken: Hier formvollendet verbeugen, dann erst Rückkehr zum Platz

INHALT

KLEINE GESCHICHTE DER JUSTIZ

Die Geschichte der Justiz begann vor etwa 20.000 Jahren. Bis dahin hatte es an einem Element gefehlt, das für das Funktionieren eines Justizsystems von größter Wichtigkeit ist: an kriminellen Delikten. Es gab kein Privateigentum, das jemand hätte entwenden können, und da alle ständig aufeinanderhockten, gab es auch keine Gelegenheit, einem etwaigen Nebenbuhler um die Gunst der schönen Grrrgch* heimtückisch Arsen in den Brennesseleintopf zu mischen. Außerdem waren Hinrichtungen angesichts der harten Lebensumstände keine Drohung – sondern wurden nach zehn Jahren erfolgreicher Mammutjagd als Bonusprämie angeboten.

ETWA 18.000 V. CHR. versuchte ein namentlich heute nicht mehr bekannter Sippenältester dann erstmals, eine verbindliche Rechtsordnung

---

* Der richtige Name lautete natürlich nicht „Grrrgch", sondern Yvonne. Doch damals war die Sprache gerade erst erfunden worden, und es gab erst ein einziges Wort – „Grrrgch" –, was zu zahlreichen Verwechslungen führte.

einzuführen, die bereits erstaunlich ausdifferenziert konzipiert war. Die einzelnen Punkte lauteten:

§ 1 Grrrgch.

§ 2 Grrrgch.

§ 3 Grrrgch.

§ 4 Grrrgch.

Oder übersetzt:

§ 1 In der Höhle stinkt's wie bei Pumas unterm Sofa. Ab jetzt macht sich jeder, der draußen in Wollnashornscheiße getreten ist, bevor er reinkommt, erst mal die Füße sauber.

§ 2 Saubermachen heißt nicht: mal kurz mit einem Farn abfeudeln. Saubermachen heißt: waschen, ihr Ferkel! Mit Wasser.

§ 3 Und zwar im Bach und nicht wieder im Suppentopf.

§ 4 Die Yvonne ist mir. Finger weg!

Nun gab es also Regeln und damit auch erstmals Straf- und Zivilprozesse. Doch diese unterschieden sich in einigen Einzelheiten von dem, was wir heute unter einer Gerichtsverhandlung verstehen. Zum Beispiel gab es keine Verteidiger und Staatsanwälte. Und auch keine Richter. Und keine Urteile. Im Wesentlichen bestand die Urteilsfindung darin, dass sich der Beklagte und der Kläger gemeinsam mit den Zeugen und den Zuschauern was auf die Rübe gaben und sich gegenseitig verkloppten. Hier eine der ältesten erhaltenen Gerichtsakten, das Protokoll eines Strafprozesses wegen Bewerfens mit Mammutscheiße in Tateinheit mit bösartigem Auslachen, AZ 247/g75-fjw-17.221vC:

Lange Zeit behielt die Justiz diese entspannt lebensbejahende Grundhaltung, doch dann traten neue Elemente in die Weltgeschichte ein, die das Justizwesen erheblich verkomplizierten:

1. Der Ackerbau und damit das P R I V A T E I G E N T U M
Endlich gab es nun Eigentumsdelikte. Der erste nachgewiesene Betrug zum Beispiel wurde im antiken Mesopotamien von Isidor K. an einem benachbarten Großbauern verübt („Mann, kannst du nicht rechnen? Zwei, jawohl zwei Euphrat-Aale für nur ein einziges Weizenfeld. Das ist die Riesenchance für dich, mein Freund!").

2. Die Römer

Die Römer erwiesen sich als ausgesprochen humorlose Zeitgenossen, was ihnen gewisse Vorteile in kriegerischen Auseinandersetzungen verschaffte. Aber den Spaß an der Ausübung der Rechtspflege ruinierten sie für alle Beteiligten komplett. Ab jetzt musste jeder Prozess nach festen Regeln und Grundsätzen ablaufen und – um alles noch weiter zu erschweren – auch noch auf Latein.

Der Spaß mit der Klopperei wurde outgesourct – zu den Gladiatoren bei den Zirkusspielen.

Für die Juristen blieb nur der trockene Rest: Verhandlungen und das Schreiben von Anwaltsbriefen. Da Anwaltsgehilfinnen noch nicht erfunden waren, mussten Anwälte ihre Schriftsätze damals selbst verfassen – und zwar zunächst auf Steintafeln. Der durchschnittliche Arbeitstag eines Juristen sah damals so aus:

```
5. Juni 250 v. Chr.:

8.00 Uhr - 8.45 Uhr: Prozess gegen
Flavius G. im Forum.

8.45 Uhr - 23.30 Uhr: Verfassen einer
Kurznotiz mittels Hammer und Meißel an
das Gericht mit der Bitte um Vertagung
der morgigen Verhandlung. Grund:
Abwesenheit vom 6. bis 15. Juni, um
das Rechnungsschreiben an Flavius G.
zu erstellen.
```

Im MITTELALTER führte das Auftreten eines neuen Phänomens schließlich dazu, dass die Freude an der Rechtsprechung wiederentdeckt wurde: die Hexenprozesse. Diese steigerten den Zulauf zu den juristischen Berufen enorm, auch die Zuschauerbänke waren nun voll. Kein Wunder: Es ging darum, junge Frauen, die vorzugsweise leicht oder gar nicht bekleidet waren, öffentlich zu quälen, erniedrigenden Prüfungen zu unterziehen und daraufhin gnadenlos abzuurteilen. Dieses Konzept hat sich bis heute fast unverändert erhalten, unter dem Titel *Germany's Next Topmodel*.

Doch dann kamen die AUFKLÄRUNG und NAPOLÉON und machten das Justizwesen zu der freudlosen Angelegenheit, als die wir es heute kennen. Plötzlich tauchten all die römischen Verfahrensregeln wieder auf, und ebenso Grundsätze wie *In dubio pro reo* und *Nulla poena sine lege* – diese hätten früher für empörte Buhrufe sowohl in der Fachwelt als auch unter den interessierten Beobachtern gesorgt, mindern sie doch den Spaß an der Ausübung der Juristerei erheblich.

Hoffnungsvolle Blicke richten sich allerdings auf gewisse Teile des NAHEN OSTENS, in denen die islamische „Scharia" praktiziert wird. Hier sorgen kreative, ein Wir-Gefühl schaffende Justiztraditionen wie öffentliches Prügeln, Steinigungen und Fatwas für ein volksnahes, pralles Rechtswesen, das auch unsere Gesellschaft in absehbarer Zeit auf das Erfreulichste bereichern könnte.

Auch ein Blick über den Atlantik hinweg in die USA lässt auf bessere Zeiten hoffen: Dort hat ein schöpferisches Justizsystem sich aus dem Stahlkorsett lästiger zivilisatorischer Zwänge befreit, *Patriot Act* und *Guantanamo* sind Zeugen dieser positiven Entwicklung. Und so kann die Rechtsprechung endlich wieder das sein, was sie schon in der Steinzeit war: einfach eine Riesengaudi.

WIE WERDE ICH EIN ERFOLGREICHER (UND GUT BEZAHLTER) ANWALT?

Machen Sie sich unerreichbar! Grund: Ein Klient ist eher bereit, horrende Stundenhonorare zu zahlen, wenn er im Vorfeld schmerzlich erfahren hat, wie kostbar Ihre Zeit ist. (Falls Sie dies in Zweifel ziehen, machen Sie den Test und versuchen einmal, kurzfristig einen Klempner zu erreichen.) Impfen Sie deshalb Ihre Sekretärin*, telefonische Terminanfragen zunächst grundsätzlich abzulehnen. Als Grund für Ihre enorme berufliche Auslastung sollte sie dabei stets angeben: Entweder a) Termine am Gericht, bei denen Sie prominente Mandanten verteidigen, oder b) Termine in der Kanzlei mit prominenten Mandanten zur Vorbereitung auf die Gerichtsverhandlung oder c) Termine in der Haftanstalt mit prominenten Mandanten, die den Fehler gemacht haben, einen anderen Anwalt zu konsultieren.

Natürlich sollte Ihre Sekretärin keinesfalls die Namen der prominenten Kundschaft ins Spiel bringen.

---

* Sollten Sie keine haben, geben Sie sich am Telefon selbst als Ihre Sekretärin aus. Für den Fall, dass Ihre Stimmlage zu tief ist, empfiehlt sich das Inhalieren von Helium.

Aber es kann enorm ruf- und honorarfördernd sein, durch geschickte Andeutungen durchblicken zu lassen, mit welcher Klientel Sie gerade geschäftlich zu tun haben. Wie wäre es zum Beispiel mit dem ehemaligen Aufsichtsratsvorsitzenden eines erfolgreichen süddeutschen Fußballclubs? Oder einem Ex-Ministerpräsidenten aus einem Land, das die Form eines Stiefels hat? Ihrer Fantasie sind hier keine Grenzen gesetzt. Kurz bevor der juristischen Rat suchende Anrufer entmutigt das Handtuch wirft, lässt sich plötzlich doch noch ein Termin finden. Und zwar in fünf Minuten. Ihr zukünftiger Mandant wird niemals in so kurzer Zeit alle von Ihnen zum Verständnis der Sachlage dringend benötigten Unterlagen zusammenbekommen, und so können Sie ihn sofort wieder nach Hause schicken, wenn er abgehetzt in Ihrer Kanzlei erscheint. Natürlich nicht, ohne ihm vorher verärgert eine saftige Rechnung über Ihr Ausfallhonorar in die Hände zu drücken.

REGEL NUMMER ZWEI:

Ihre Kanzlei sollte in einem der teuersten Viertel der Stadt liegen. Tut sie dies nicht, suchen Sie sich in ebendiesem Viertel eine topsanierte Gründerzeitvilla, notieren sich die Adresse und geben diese als die Ihre an. Kurz bevor Ihr Klient zum vereinbarten Ersttermin erscheint, stellen Sie sich in den Eingang des Gebäudes. Sobald Ihr Kunde eintrifft, gehen Sie ihm entgegen und erläutern ihm, dass der unerwartete Besuch eines Prominenten ein Betreten Ihrer Kanzlei für Normalsterbliche im Augenblick diskretionsbedingt unmöglich macht. (Bedienen Sie sich hier ruhig der oben erläuterten Andeutungsmethode.) Schlagen Sie für das Treffen deshalb ersatzweise ein Luxusrestaurant Ihrer Wahl vor. Vergessen Sie nicht, nach dem Essen Ihre Brieftasche zu suchen und noch wichtiger: diese nicht zu finden!

REGEL NUMMER DREI:

Die Einrichtung. Liegt Ihre Kanzlei in einer einigermaßen repräsentativen Gegend, muss natürlich auch deren Einrichtung entsprechend sein. Klappstühle und ein Campingtisch reichen nicht! (Es sei denn, Sie verkaufen dieses Mobiliar als eine Installation von Joseph Beuys.) Doch woher lassen sich raumfüllende Ledersessel, Schreibtisch und Bücherregale aus kostbarem Wurzelholz beziehen, wenn das nötige Kleingeld nicht da ist? Die Lösung ist so genial wie simpel: Bestellen Sie Ihre Möbel einfach im Internet! Kurz vor Ablauf der 14-tägigen Rückgabefrist lassen Sie den Krempel wieder abholen und bestellen erneut. Das bringt Abwechslung in Ihre Kanzlei, und Sie sparen eine Putzfrau, da Ihr Mobiliar niemals lang genug steht, um Staub anzusetzen. Gegenüber Ihren Mandanten begründen Sie die ständig wechselnde Einrichtung mit dringend notwendigen Anschaffungen zum Zwecke der Steuer-abschreibung.

Als Wandschmuck eigen sich übrigens selbstformulierte und eingerahmte Dankesschreiben ehemaliger Mandanten hervorragend. Hier sollten Sie nicht zu tiefstapeln! Je höher der gesellschaftliche Status der vermeintlichen Kundschaft ist (Papst, die Queen, Dalai Lama), desto geringer ist die Wahrscheinlichkeit, dass irgendwer ernsthaft Nachforschungen anstellt.

REGEL NUMMER VIER:

Viele Fachbücher. Jeder gute Anwalt ist extrem belesen. Unterstreichen Sie dies durch eine Batterie von Bücherregalen, die randvoll gefüllt sind. Natürlich nicht mit Büchern. Attrappen reichen völlig aus. Wichtig ist nur, dass die Buchrücken Titel aufweisen, die dokumentieren, wie allumfassend Ihr juristisches Wissen ist. Beim Anblick der *Straßenverkehrsordnung der Yanomami-Indianer, Band 1, Zulassungsbestimmungen für Einbaumkanus* oder des Bandes *Versicherungsvertragsrecht der USA – Zahlt die Haftpflicht Schäden eines atomaren Erstschlags?* wird jeder Mandant vor Ehrfurcht erstarren. Wichtig: Bei *einem* der Bücher sollte es sich nicht um eine Attrappe handeln. Hieraus können Sie jederzeit einen Gesetzestext zitieren. Worum es darin geht, ist nebensächlich. Hauptsache, er ist so formuliert, dass ihn niemand versteht.

Medienpräsenz. Jeder gute Anwalt ist irgendwann im Fernsehen zu sehen. Es muss ja nicht gleich eine eigene Sendung sein. Für den Anfang reicht es, wenn Sie sich unter das Publikum beispielsweise des Musikantenstadls schmuggeln, während der Livesendung plötzlich auf die Bühne stürmen und dort jeden Verdacht gegen Ihren Mandanten Andy Borg wegen Urheberrechtsverletzung, Steuerhinterziehung und Pädophilie entschieden zurückweisen. Sie werden staunen, wie schnell Sie so zu einem gefragten Anwalt werden. Und Andy Borg wird staunen, weil er sich partout nicht erinnern kann, Ihnen jemals ein Mandat erteilt zu haben.

WAS EIN ANWALT WIRKLICH MEINT,

„Es lohnt sich in jedem Fall, in Berufung zu gehen."

> *„Und zwar für mich. Auf das Urteil wird sich eine Berufung zwar nicht die Bohne auswirken, dafür umso mehr auf meinen Kontostand."*

„Judex non calculat!"

> *„Die Würfel sind gefallen. Oder so … Bin mir nicht ganz sicher. Auf jeden Fall stammt das Zitat von Cicero. Roger Cicero. Wie auch immer: Hauptsache, Latein. Klingt so schön intelligent."*

„Guten Tag."

> *„Geil! Schon 100 Ocken verdient!"*

„Was kann ich für Sie tun?"

> *„Und noch mal 'n Hunni obendrauf!"*

„Ich werde den Fall mit meinem Juniorpartner besprechen."

> *„Der kriegt von mir dann die Hälfte meines Honorars, macht aber die ganze Arbeit."*

„Bezüglich der Baumängel in Ihrer Mietwohnung kann ich einen ausgezeichneten Sachverständigen empfehlen."

    „Ich bin dem Architekten meines Bungalows noch eine Gefälligkeit schuldig."

„Notfalls ziehen wir noch einen zweiten Sachverständigen hinzu."

    „Dem Architekten meines Ferienhauses übrigens auch."

„Es wäre unklug, hier den ersten Schritt zu machen. Warten wir ab, was die gegnerische Partei unternimmt."

    „Ich hab keine Ahnung, was ich machen soll, und schau mir erst mal an, ob die anderen mehr auf der Pfanne haben."

WAS EIN MANDANT WIRKLICH MEINT,

WENN ER SAGT…

„Bitte übernehmen Sie meinen Fall. Es ist egal, was es kostet."

> „Bitte übernehmen Sie meinen Fall. Es ist egal, was es kostet, weil ich Sie sowieso nicht bezahlen werde."

„Sie sind genau der richtige Mann für mich."

> „Ich glaube, Sie sind der schlechteste Anwalt der Stadt, aber einen besseren konnte ich mir leider nicht leisten."

„Ich bin nicht ganz unbeleckt im juristischen Bereich."

> „Ich kann gut googeln."

„Ich brauche juristischen Beistand."

> „Ich habe bei Google nichts gefunden."

„Ich bin nicht sicher, ob ich Ihnen folgen kann."

„Ich habe bei Google etwas anderes gefunden, als das, was Sie mir hier erzählen."

„Ich glaube, ich kann Ihnen immer noch nicht folgen."

„Entweder Sie machen es so, wie es bei Google steht, oder ich suche mir einen anderen Anwalt."

„Ach, Sie fahren einen Passat Variant? Sehr schönes Auto."

„Was? Sie fahren keine S-Klasse? Na, dann kann es mit Ihnen ja nicht weit her sein."

„Ach, Sie fahren eine S-Klasse? Sehr schönes Auto."

„So leicht wie Sie möchte ich auch mal fette Kohle verdienen, bloß ein bisschen in Gesetzbüchern rumblättern und klug daherschwafeln."

„Ach, Ihr Honorar richtet sich nach dem Streitwert?"

„Mist! Ich hätte in der Beschreibung des mir entstandenen Schadens nicht so maßlos übertreiben sollen."

„Ich habe noch nie in meinem Leben gegen das Gesetz verstoßen."

„Jedenfalls in Singapur. Im Rest der Welt bin ich überall vorbestraft."

Juristische Basics

Jahrelang haben Sie Ihr juristisches Wissen immer mehr ausgeweitet und verfeinert und bewältigen den Berufsalltag mit all seinen Fallstricken inzwischen souverän. Doch von Zeit zu Zeit sollten auch Sie sich auf den Prüfstand stellen und sich fragen: Wie ist es um meine Grundkenntnisse bestellt? Hab ich die Basics noch drauf?

Für alle, die den Mut haben, sich dieser Herausforderung zu stellen, hier unser kleiner Test.

Zwangsvollstreckung

a Das, was meinen Mandanten üblicherweise passiert. Und zwar, bevor sie mich bezahlen können. *(3 Punkte)*

b Das, was mir demnächst passieren wird, wenn bei mir weiter nur diese Verlierer auf der Schwelle stehen. *(3 Punkte)*

c Zwanghafte Voll-Streckung des Armes. Besonders häufig in Deutschland zu beobachten, in den Jahren zwischen 1933 und 1945. *(0 Punkte)*

Schöffe

a Unter Juristenehepaaren beliebter Kosename für den Partner. *(0 Punkte)*

b Seltene Form des Konjunktivs von „schaffen". „Ich schöffe es" bedeutet: „Ich würde es unter Umständen schaffen, aber wenn ich mich weiter mit so blöden Tests wie diesem rumschlage, dann wird da nix draus." *(0 Punkte)*

c Juristische Laien (oder besser formuliert: niedere Subjekte), die vorn in den Gerichtssaal dürfen, ohne angeklagt zu sein. Ein Skandal! *(3 Punkte)*

Bagatelldelikt

a Minderschwere Straftat. Dazu gehören auch Mord, Totschlag, Genozid – solange sie von meinem Mandanten verübt wurden. *(3 Punkte)*

b Bezeichnet das Durchschießen eines Apfels auf dem Kopf eines Jungen mittels einer Armbrust. Oder handelt es sich

dabei eher um ein Wilhelm-Tell-Delikt?
(0 Punkte)

c Der Kleinkram, der mir ständig auf den Schreibtisch flattert, anstatt einer anständigen Schadensersatzklage in zweistelliger Millionenhöhe. *(3 Punkte)*

Generalklausel

a Kriegsheld des 19. Jahrhunderts. Voller Name: General Klausel-Witz. Verfasste ein Standardwerk über moderne Kriegsführung: *Bomben, Böller, Juxraketen* (Leipzig, 1822). Die Kinoverfilmung wird jedes Jahr zu Sylvester im dritten Programm wiederholt. *(0 Punkte)*

b Allgemein gehaltenes Gesetz, oft auch „Gummiparagraf" genannt. Brutstätte für Gesetzeslücken, daher bei findigen Kollegen besonders beliebt. *(3 Punkte)*

c Spitzname für Generalstaatsanwälte mit dem Vornamen Klaus. *(0 Punkte)*

Robe

a Flossenfüßiges Wasserraubtier, wurde bis zum Inkrafttreten der Rechtschreibreform „Robbe" geschrieben. *(0 Punkte)*

b Schwarzer Umhang, in dem ich unglaublich cool aussehe – wenn ich darin zum Karneval als Zorro gehe. *(3 Punkte)*

c Schwarzer Mantel, in dem ich wie ein Depp aussehe – wenn ich darin vor Gericht ein Plädoyer halte. Aber meiner Sekretärin steht das Teil super – vor allem, wenn sie nichts drunter anhat. Apropos, ich sollte meiner Frau noch mailen, dass es heute wieder später wird ... *(3 Punkte)*

Hybridschläger aus Titan

a Ein brutaler Krimineller, halb Mensch, halb Maschine. *(0 Punkte)*

b Hy... was? Nie gehört. Hat auf jeden Fall nichts mit meinem Beruf zu tun. *(0 Punkte)*

c Neuartiger Golfschläger. Eines der wichtigsten Arbeitsmittel eines Juristen: Mit dem Ding kann sogar eine Niete wie ich eine Runde auf dem Golfplatz durchhalten und auf die Suche nach solventen Mandanten gehen. *(3 Punkte)*

Ethik

a Moralkonzept, das die Welt jahrhundertelang in seinem wirtschaftsfeindlichen Würgegriff gehalten hat. Zum Glück sind wir da langsam drüber weg. *(3 Punkte)*

b Gefühlsduseliger Schmonzes, den sich die alten Griechen ausgedacht haben, damit die Leute tugendhaft bleiben. Mit anderen Worten: Antikes Anwalts-Bashing. *(3 Punkte)*

c Nie gehört. *(3 Punkte)*

AUSWERTUNG:

0 – 9 PUNKTE: Feld-Wald-und-Wiesen-Anwalt
10 – 19 PUNKTE: Juniorpartner
20 – 29 PUNKTE: Seniorpartner
30 UND MEHR PUNKTE: CEO von Baker & McKenzie

DIE GRÖSSTEN Horror - VORSTELLUNGEN VON JURISTEN

Ein gängiges Klischee besagt, dass die meisten Anwälte ein weitgehend sorgenfreies Leben führen. Finanziell gesehen mag dies der Realität entsprechen, aber emotional sind Anwälte alles andere als frei von Sorgen. Nachts werden sie sogar häufig von brutalen Albträumen geplagt. Hier finden Sie die häufigsten:

- Die Gebührensätze für Anwälte werden an die der Kassenärzte angepasst. So dürfen Sie jetzt für die Verteidigung eines Serienmörders das Gleiche abrechnen wie für einen simplen Mahnbescheid, nämlich satte 35 Euro im Quartal.

- Als Sparmaßnahme beschließt die Bundesregierung, dass für sämtliche Prozesse in Deutschland ab sofort nur noch ein Richter pro Bundesland zur Verfügung steht. Dies erhöht die durchschnittliche Verfahrensdauer auf knapp 127 Jahre. Ein schwacher Trost: Dies sind nur drei Jahre mehr als bisher.

In Deutschland werden die gleichen exorbitanten Schadensersatzsummen gezahlt wie in den USA. Für Sie als Anwalt ein Grund zum Jubeln, zumal schon bald eine Klage über 120 Millionen Euro Schmerzensgeld auf Ihrem Schreibtisch liegt. Dumm nur, dass sie von einem Ihrer Mandanten stammt, der sich durch den süßlichen Geruch Ihres Rasierwassers in seiner freien Persönlichkeitsentfaltung erheblich beeinträchtigt fühlt.

Als einzigem Berufsstand weltweit wird Anwälten auf alle Zeiten untersagt, ihre Prozessunterlagen zu digitalisieren. Papier ist und bleibt Pflicht! Die Folge: Selbst wenn es nur noch einen einzigen Anwalt auf der Welt gäbe, wäre die komplette Abholzung des Tropischen Regenwaldes nicht mehr aufzuhalten.

Unser Bildungssystem wird auch in den nächsten 50 Jahren nicht geändert. Das heißt, Sie müssen auch fortan mit Rechtsanwaltsfachangestellten klarkommen, die mit korrekter Orthografie etwa so vertraut sind wie ein durchschnittlicher Hetero-Mann mit der fachgerechten Benutzung einer Mascarabürste.

BGB und StGB werden von Rolf Zuckowski als Kinderlieder vertont und der deutsche Gesetzeswust damit allgemein verständlich gemacht. Blöde Sache das: Jetzt kann nämlich jeder grenzdebile Vollpfosten sich selber vor Gericht verteidigen, und Sie müssen sich einen anderen Job suchen.

 VOX hat sich für einen zweistelligen Millionen-betrag die Übertragungsrechte für alle Gericht-sprozesse in Deutschland gesichert. Dies hat Konsequenzen: Sie müssen den Sprachduktus von Daniela Katzenberger adaptieren und tragen statt Ihrer üblichen Roben einen glitzernden Strass-und-Nieten-Body von Harald Glööckler.

Sie werden vom amerikanischen Geheim-dienst verschleppt, weil man Sie für einen islamistischen Schläfer hält. Die Folter, der Sie unterzogen werden, könnte nicht grausamer sein: Sie werden gezwungen, alle deutschen Steuergesetze mitsamt ihren Kommentierungen vorzulesen! Ihr Alternativvorschlag, man solle Sie stattdessen lieber mit dem Kopf nach unten an Ihren Eiern aufhängen, wird als lächerlich abgewiesen.

JUSTITIA
AUF DEM SPIELPLATZ

A ls guter Jurist wissen Sie natürlich längst: Paragrafen sind aus unserem Leben nicht mehr wegzudenken. Doch wie stark bestimmen Recht und Gesetz tatsächlich unseren Alltag? Gibt es noch Situationen, die sich einer juristischen Interpretation entziehen? Wir sagen: nein.

Dazu ein Beispiel. (Nach einer wahrer Begebenheit. Namen geändert.)

12. November 2013, irgendwo in Lemgo. Opa *Anton* begleitet seinen Enkel *Kevin* auf den Spielplatz. Um auszulosen, wer von beiden als Erster auf die Rutsche darf, bedient sich Opa Anton eines Abzählreims, an den er sich trotz seines hohen Alters noch gut erinnern kann.

> Angsthase, Pfeffernase
> Morgen kommt der Osterhase
> Zieht dir deine Hose aus
> Übermorgen Nikolaus
> Zieht sie wieder an
> Und du bist dran!

Sie ahnen es bereits: Der auf den ersten Blick harmlos wirkende Kinderreim enthält eine juristische Brisanz, die ihresgleichen sucht. Gehen wir ins Detail.

Angsthase, Pfeffernase

Direkt zu Anfang macht sich Opa Anton nach § 185 StGB der Beleidigung schuldig. Zu prüfen wäre zudem, ob nicht auch durch die Verwendung des Begriffs „Pfeffernase" der § 187 StGB (Verleumdung) berührt wird, da niemand ernsthaft behaupten kann, aus einer Nase Pfeffer zu gewinnen.

Morgen kommt der Osterhase

Spätestens hier haben wir es ohne Zweifel mit dem Tatbestand der Verleumdung zu tun. Opa Anton behauptet *„wider besseres Wissen in Beziehung auf einen anderen* (hier: den Osterhasen) *eine unwahre Tatsache"*. Und das sogar in zweifacher Hinsicht: a) gibt es keinen Osterhasen und b) selbst wenn es ihn gäbe, könnte niemand mit Sicherheit sagen, ob er morgen auch wirklich kommt.

Zieht dir deine Hose aus

In diesen Worten steckt die meiste Sprengkraft. Berührt wird zunächst § 177 Abs. 1 Satz 3 StGB (sexuelle Nötigung unter Ausnutzung einer Lage, in der das Opfer der Einwirkung des Täters schutzlos ausgeliefert ist). Opa Anton droht unmissverständlich mit

dem Osterhasen, der Kevin die Hose ausziehen wird. Dies ist zwar nach § 177 Abs. 2 Satz 5 StGB als minder schwerer Fall zu werten, zieht aber in jedem Fall eine Freiheitsstrafe von mindestens sechs Monaten nach sich.

Falls Kevin der Drohung zuvorkommt und freiwillig die Hosen fallen lässt, haben wir es zusätzlich noch mit der Anstiftung zu einer Straftat (§ 26 StGB), im Konkreten zu einer exhibitionistischen Handlung nach § 183 Abs. 1 StGB zu tun.

Übermorgen Nikolaus

Auch hier könnte – wie beim Osterhasen – § 187 StGB wegen Verleumdung Anwendung finden. Zwingend greift aber § 240 Abs. 1 StGB (Nötigung), denn die

Ankündigung des Nikolaus kann von Kevin durchaus als massive Drohung empfunden werden. Zumindest dann, wenn er nicht brav war.

Zieht sie wieder an

Hier sind sich die Juristen uneinig. Fest steht nur: Für den Fall, dass es sich bei der Hose, die der Nikolaus dem kleinen Kevin anzuziehen gedenkt, um ein Kleidungsstück aus chinesischer Kunstfaser handelt, die naturgemäß bei jedem Kind einen starken Juckreiz hervorruft, kann hier der § 223 StGB Abs. 1 wegen Körperverletzung geltend gemacht werden. Und zwar auch dann, wenn Kevin sich dem Versuch, ihm die Hose anzuziehen, erfolgreich widersetzt. Denn auch der Versuch ist strafbar. (Siehe § 223 StGB Abs. 2)

Und du bist dran!

Auch die Auslegung des letzten Verses ist unter Juristen strittig. Zum einen kann der Satz natürlich schlicht die Aufforderung beinhalten, auf die Rutsche zu gehen. (Ob nun Kevin oder Opa Anton damit gemeint ist, müsste in einem gesonderten Verfahren erörtert werden und soll hier nicht Bestandteil der Betrachtung sein.) Das Ausrufezeichen am Ende der Formulierung deutet jedoch weitaus eher darauf hin, dass es sich bei der Formulierung um eine unverblümte Drohung im Sinne von „Jetzt bist du dran!" handelt, mithin also auch hier der Tatbestand der Nötigung nach § 240 StGB vorliegt.

Opa Anton hat sich demnach folgender Delikte zum Teil mehrfach schuldig gemacht:

- Beleidigung nach § 185 StGB – bis zu einem Jahr Freiheitsstrafe.

- Verleumdung nach § 187 StGB – bis zu fünf Jahren Freiheitsstrafe.

- Sexuelle Nötigung nach § 177 Abs. 5 StGB – mindestens sechs Monate Freiheitsstrafe.

- Anstiftung zu einer Straftat § 26 StGB – gleiches Strafmaß wie die Straftat als solche, im vorliegenden Fall also eine

- Exhibitionistische Handlung nach § 183 Abs. 1 StGB – bis zu einem Jahr Freiheitsstrafe.

- Nötigung § 240 StGB – bis zu drei Jahren Freiheitsstrafe.

- Körperverletzung § 223 Abs. 1 StGB – bis zu fünf Jahren Freiheitsstrafe.

Am 12. Juni 2014 verurteilte das Landgericht Detmold Opa Anton zu einer Freiheitsstrafe von 15 Jahren und 6 Monaten. Er betrat nie wieder einen Spielplatz.

Kevin bekam ein Eis.

DAS KLEINE EINMALEINS DER BÜROARBEIT

Als guter und erfolgreicher Anwalt verfügen Sie selbstverständlich über eine Rechtsanwaltsfachangestellte, die Ihnen sämtliche Büroarbeit abnimmt und Ihnen damit ermöglicht, sich ausschließlich um Ihre eigentliche Arbeit zu kümmern: das Zählen von Geld. (Kleiner Scherz.)

Doch was tun, wenn Ihre helfende Hand einmal im Urlaub ist? Unser kleines Einmaleins der wichtigsten Büroarbeiten nimmt Ihnen die Angst vor dem ungewohnten Büroalltag und hilft, schadlos durch die Zeit ohne Ihre fleißige Assistentin zu kommen.

1 MANDANTEN EMPFANGEN

Bisher waren Sie es gewohnt, dass Mandanten von Ihrer Angestellten in Ihr Büro geführt wurden. Doch wie kommen sie ohne ihr Zutun dorthin?

Bevor der Mandant Ihr Büro betritt, klingelt er an der Eingangstüre Ihrer Kanzlei. Mit dem Klingeln signalisiert der Mandant, dass er um Einlass bittet. (Es sei denn, er ist sehr unzufrieden mit Ihrer bisherigen Arbeit. Dann tritt er schon mal die Tür ein.) Folgen Sie dem Begehr, und öffnen Sie die Türe. „Leichter gesagt, als getan", werden nun viele denken, „in meiner Kanzlei befinden sich mindestens fünf Türen! Woher soll ich wissen, hinter welcher mein Mandant steht?" – Ein verständlicher Einwand. Dieses Problem lässt sich jedoch durch eine einfach zu beherzigende Regel lösen: Öffnen Sie einfach die Tür, durch die Sie jeden Morgen selbst eintreten, um in Ihre Räumlichkeiten zu gelangen!

Et voilà: Vor Ihnen wird jetzt mit hoher Wahrscheinlichkeit Ihr Mandant stehen. Oder ein Postbote. Postboten erkennen Sie an der gelben Kleidung. Mandanten tragen eher gedecktere Farben. Jetzt kommt es aufs Timing an. Denn mit dem bloßen Öffnen der Türe ist es nicht getan. Sie müssen jetzt zwei Dinge direkt hintereinander tun: 1) Ihren Mandanten begrüßen und 2) ihn hereinbitten. (Und bitte auch in dieser Reihenfolge!) Diese beiden komplexen Aufgaben lassen sich am einfachsten durch das Aussprechen des folgenden Satzes kombinieren: „Guten Tag, kommen Sie herein." Sie werden sehen: Wie von Zauberhand geleitet, wird der Mandant Ihre Kanzlei betreten!

Die erste Hürde ist genommen, doch Vorsicht! Gehen Sie jetzt nicht einfach wortlos in Ihr Büro. Die Erfahrung zeigt: Kein Mandant folgt Ihnen aus eigenem Antrieb dorthin. Es sei denn, er ist unzufrieden mit Ihrer Arbeit (siehe oben).

Wenden Sie deshalb eine Variation des oben gelernten Satzes an, die zum Beispiel lauten könnte:

„Kommen Sie mit." Oder falls Sie sich schon etwas mehr zutrauen: „Kommen Sie mit in mein Büro." Jetzt haben Sie es fast geschafft. Nur noch eines gilt es zu klären: Wie erfahren Sie den Namen des Mandanten? Der wurde Ihnen ja bisher immer von Ihrer Angestellten mitgeteilt. Hier gibt es ein probates Mittel: die Frage. Das kennen Sie aus der Zusammenarbeit mit Ihrer Fachkraft, wenn Sie etwas von ihr wissen wollen. Zum Beispiel: „Wie heißt noch mal der tumbe Idiot mit der Unterhaltsklage?" Doch auch hier müssen Sie variieren! Fragen Sie Ihren Mandanten also nicht, ob er der tumbe Idiot mit der Unterhaltsklage ist. Fragen Sie ihn bitte auch nicht nach seinem Aktenzeichen, selbst wenn Sie damit wesentlich mehr anfangen könnten als mit seinem Namen. Der Gebrauch des Namens schafft einfach eine persönlichere Atmosphäre.

Das war doch nicht so schwer, oder? Dann können wir uns einer weiteren wichtigen Büroarbeit zuwenden:

2 MANDANTEN VERABSCHIEDEN

Nachdem Sie die Besprechung hinter sich haben, muss der Mandant natürlich wieder Ihr Büro verlassen. Ergreifen Sie jetzt nicht die Initiative, wird er sitzenbleiben, und je nachdem, wie viele Mandanten Sie heute noch empfangen (das können Sie ja jetzt!), kann es schnell eng werden im Büro. Verfahren Sie dazu bitte genau umgekehrt wie unter Punkt eins beschrieben. Die Bandbreite der hier zur Anwendung kommenden Formulierungen richtet sich dabei stark nach dem Streitwert der besprochenen Sache und variiert zwischen: „Raus hier, du Penner!" und: „Es war mir eine große Ehre. Darf ich noch einen roten Teppich in den Flur legen, bevor ich Sie zur Tür trage?"

3 RECHNUNG SCHREIBEN

Auch diese Aufgabe hat Ihnen Ihre Angestellte bis jetzt abgenommen. Sie haben einfach in Ihr Diktiergerät gesprochen, und kurz darauf lag die Rechnung im Postausgangsfach. Wie kommt der Text nun vom Diktiergerät aufs Papier? Keine leichte Aufgabe, aber auch diese Herausforderung bekommen sie gemeistert. Betrachten Sie dazu einmal Ihren Computer. Vor dem Monitor liegt in der Regel eine Tastatur. Mit den Tasten darauf haben Sie bis jetzt immer Ihr geliebtes Ballerspiel bedient oder im Internet nach Pornoseiten gesucht. Doch man kann noch viel mehr mit ihnen anfangen. Zum Beispiel schreiben. Probieren Sie es aus! Öffnen Sie ein Textverarbeitungsprogramm und drücken Sie die Taste A. Wie von Geisterhand erscheint auf dem Monitor der Buchstabe A. Und das ist noch nicht alles. Dieser Trick funktioniert auch mit allen anderen Buchstaben! So können Sie sich schnell Ihre eigene Rechnung zusammenpuzzeln. Haben Sie dabei keine Berührungsängste. Selbst wenn Sie sich einmal vertippen sollten, brauchen Sie deshalb keinen neuen Computer anzuschaffen. Benutzen Sie in dem Fall einfach die Funktion „Löschen". (Ähnlich der Funktion, die im Browserverlauf die Adressen kürzlich besuchter Internetseiten löscht.)

Bereits nach kurzer Zeit werden Sie stolz Ihre erste selbst geschriebene Rechnung auf dem Monitor betrachten können. Doch wir sind noch nicht fertig. Die Rechnung muss ja irgendwie zum Mandanten kommen. Anfänger tüten nun den Monitor ein und bringen ihn zur Post. (Falls Sie dies auch erwägen, vergessen Sie nicht, die Auslagenpauschale auf der Rechnung um den Anschaffungspreis des Monitors zu erhöhen!) Fortgeschrittene fotografieren das Monitorbild mit einer Sofortbildkamera. Profis hingegen – und dazu wollen Sie ja gehören! – schicken die Rechnung per Mail an die Urlaubsadresse ihrer Fachangestellten mit der Bitte, diese auszudrucken und zu versenden. So geht Technik!

ANDERE WELTEN
ANDERE GESETZE

Bei den Martianern, einem räuberischen Volk im Andromedanebel, wird das Wegsprengen eines bewohnten Planeten als Ordnungswidrigkeit nach dem Abfallvermeidungsgesetz behandelt, das Bekleckern einer Martianeruniform mit Schokoladeneis jedoch mit dem qualvollen Tod durch das wiederholte Anhören einer Mark-Medlock-CD bestraft. Für das Parken eines Raumschiffs in der Behindertenzone muss der Martianer zwei Jahre ins Zuchthaus. Da die Lebenserwartung im Schnitt bei über 100.000 Jahren liegt, schert sich aber niemand darum. Dementsprechend sind freie Behindertenparkplätze im Andromedanebel äußerst rar.

BERÜHMTE
JURISTEN

MOSES, erster prominenter Jurist der Weltgeschichte, geriet bereits als Säugling mit dem Gesetz in
Konflikt, als er mit seinem Bastkörbchen an den Ufern
des Nils im absoluten Halteverbot anlegte. Nachdem
ihm Jahre später von ägyptischer Seite der kaltblütige
Mord an 2.000 Soldaten im Roten Meer zur Last gelegt
wurde, entschloss sich Moses zur Flucht und landete

am Berg Sinai, wo seine juristische Laufbahn zwar spät, dafür aber mit einem echten Knaller begann: der Niederschrift der Zehn Gebote, auch bekannt als BGB ("Bibel-Gesetzbuch"). Moses behauptete später, es seien ursprünglich weit über 100 Gebote gewesen, deshalb habe er "nur die Highlights genommen und den ganzen anderen Mist aussortiert", wie z. B. die *Anschnallpflicht auf Eselskarren*, die *Richtlinie zur einheitlichen Gurkenkrümmung innerhalb der nahöstlichen Handelsunion* und das *Verbot, während des Gottesdienstes einen falschen Schnurrbart zu tragen*.

Auch JOHANN WOLFGANG VON GOETHE bekannt aus dem Kinofilm *Fack ju Göhte*, hat Jura studiert. Wie bei vielen seiner Juristenkollegen (u. a. Proust, Tolstoi, Kafka) warf die Arbeit nicht genug ab, um das wirtschaftliche Überleben zu sichern. Ein Nebenerwerb musste dringend her, und so entschloss sich Goethe, meterdicke Wälzer wie *Die*

Wahlverwandtschaften zu Papier zu bringen. Dieses Buch lässt Goethes juristischen Background deutlich hervortreten: Es liest sich ähnlich spannend wie *das Gesetz zur Umsetzung des Ausschlusses von Vermittlungshonoraren für Makler bei öffentlich geförderten Wohnungen im Verbrauchsgüterkaufrecht.*

WYATT EARP, legendärer Wild-West-Sheriff, ging im damaligen Amerika aufgrund seines Leitsatzes „Das Gesetz bin ich" als Volljurist durch. Als kaltblütiger Law-and-Order-Mann und nebenberuflicher Revolverheld ballerte sich Earp blindwütig durch die Gegend und wurde damit zum Vorbild für große US-Präsidenten wie Ronald Reagan und George W. Bush.

MAHATMA GANDHI. Der sympathische Freiheitskämpfer war nicht nur Rechtsanwalt und Hungerkünstler, sondern auch „Indiens Brillenträger des Jahres 1948".

~~DR. IUR.~~ KARL-THEODOR MARIA NIKOLAUS JOHANN JACOB PHILIPP FRANZ JOSEPH SYLVESTER FREIHERR VON UND ZU GUTTENBERG. Ehemaliger deutscher Wirtschafts- und Verteidigungsminister. Bei seinen Ministerkollegen waren Vertragsunterzeichnungen mit Guttenberg sehr gefürchtet, weil dieser die unangenehme Eigenschaft hatte, immer mit seinem vollen Namen zu unterschreiben. Aus Rücksicht auf seine Kollegen stieg Guttenberg in Sachen Unterschrift auf das bewährte Copy-Paste-Verfahren um. Kurz darauf verlor er alle seine Ämter.

BILL CLINTON. Der studierte Jurist und zeitweilige Inhaber des *Oral Office* war der David Copperfield unter den US-Präsidenten. Seine Illusionsnummern hielten die ganze Welt in Atem: Er konnte Joints rauchen, ohne zu inhalieren, und Spermaflecken auf den Kleidern seiner Praktikantinnen hinterlassen, ohne zu ejakulieren. Seine gefährlichste Nummer: abends von zu Hause wegbleiben, ohne Hillary Bescheid zu sagen.

BARBARA SALESCH, auch bekannt als „die feuerrote Domina" und „die Rache der Justiz am deutschen Gebührenzahler". Als penetrant herrschsüchtige Hauptdarstellerin der TV-Serie *Richterin Barbara Salesch* nervte sie Staatsanwälte, Verteidiger und sämtliche Fernsehzuschauer, die aus grober Fahrlässigkeit in die Nachmittagsschiene von SAT.1 geraten waren. Wer einmal Saleschs „Gerichtssaal des Grauens" gesehen hat, für den ist ein Dokumentarfilm über die Nürnberger Prozesse leichte Unterhaltung.

EDMUND STOIBER, Sonderbeauftragter der Münchener Verkehrsbetriebe für die S- und U-Bahn-Linien vom Hauptbahnhof zum Flughafen. Als Jurist war Stoiber extrem gefürchtet. Allerdings nicht wegen seiner argumentativen Schärfe, sondern wegen seiner äh-äh-endlosen Schlussplädoyers.

RECHTSVERSTÄNDNIS IM INTERNATIONALEN VERGLEICH

Eines der vornehmsten Anliegen der Justiz ist es zweifellos, den jeweiligen Tatbestand, den sie verhandelt, objektiv zu bewerten. Und trotzdem: Im internationalen Vergleich wird dieselbe Tat oft ganz unterschiedlich beurteilt. An dieser Stelle können wir die aufsehenerregenden Ergebnisse unserer weltweiten Recherche präsentieren: ***Was passiert, wenn ich jemandem einen Vogel zeige?***

DEUTSCHLAND
Verurteilung zu 10 bis 30 Tagessätzen.

ITALIEN
Hier passiert nichts: Die Italiener gestikulieren derart lebhaft, dass sie das Tippen mit dem Finger an die Schläfe nicht einmal bemerken. Wenn ein Italiener jemandem einen Vogel zeigen will, dann muss er ihn hierzu mit einem echten toten Vogel bewerfen, vorzugsweise einem Kormoran, den bemerkt man bestimmt. Vorsicht beim Werfen eines Buntspechts, dies bedeutet nicht „Du hast einen Vogel", sondern „Ich will dich vögeln". Die Gefahr, dass dies passiert, ist allerdings niedrig: Seit Antritt der Regierung Berlusconi hat sich die Buntspechtpopulation Italiens um 80 Prozent verringert. Straffreiheit ist aber in jedem Fall garantiert.

FRANKREICH

Frankreich ist das Land der Feinschmecker. Zeigt man hier einer anderen Person einen Vogel, will man diese nicht beleidigen, sondern darüber informieren, dass man ein schmackhaftes Zitronenhühnchen in Champagnersoße zubereitet hat und sie dazu einladen möchte. Die Geste ist also straffrei – im Gegenteil: Man erhält dafür eine Ehrenurkunde des Feinschmeckerverbandes und eine lobende Erwähnung im Guide Michelin. Trotzdem ist Vorsicht geboten: Ist der Zitronensud zu laff, droht eine mehrjährige Freiheitsstrafe.

ENGLAND

Die Engländer sind ein überaus höfliches Volk – hier ist das Konzept der Beleidigung an sich mehr oder weniger unbekannt. Die letzte beurkundete Schimpfkanonade ereignete sich im Jahr 1883, als der Earl of Cokingford seinem Erzfeind, dem Duke of Wolverhampton, in zutiefst indigniertem Tonfall vorhielt: „Ich betrachte die Tatsache, dass Sie mir soeben eine Kugel in den Rücken geschossen haben, als unverzeihlichen gesellschaftlichen Fauxpas und Beweis Ihrer Kulturlosigkeit, Verehrtester."

Sollten Sie sich also in England mit dem Finger gegen die Schläfe tippen, wird man Sie für einen Taubstummen halten, der verzweifelt versucht, sich verständlich zu machen. Daraufhin wird man sich für die peinliche Situation, in die Sie geraten sind, entschuldigen – und zwar, indem man Sie zum Essen einlädt. Im engeren Sinne kann man also auch hier nicht von Straffreiheit sprechen.

SAUDI-ARABIEN

Gegenüber der saudi-arabischen Justiz existieren zahlreiche Vorurteile – in Wirklichkeit ist die saudische Rechtsprechung allerdings viel moderner als ihr Ruf. Wenn Sie zum Beispiel in Riad jemandem den Vogel zeigen, wird Ihr Fall, wie es eine zeitgemäße Prozessführung verlangt, individuell betrachtet, der Beklagte wird als Mensch wahrgenommen, der möglicherweise durch bedauernswerte Umstände zu seiner Tat getrieben wurde – und dann zu 100 Stockhieben auf die nackten Fußsohlen verurteilt. Ein bisschen Tradition muss eben sein.

Anmerkung 1: Dies gilt allerdings nur, wenn Sie muslimischer Einwohner Saudi-Arabiens sind. Sollte es sich bei Ihnen um einen gottlosen Fremden handeln, drohen 300 Stockhiebe – und zwar nur dafür, dass Sie die Unverfrorenheit besessen haben, die Justiz überhaupt zu belästigen. Die eigentliche Strafe ist härter: Die Hand, die den Vogel gezeigt hat, wird abgehackt.

Anmerkung 2: Sollte es sich bei Ihnen um eine Frau handeln, droht Steinigung.

SPANIEN

Auch in Spanien ist das Tippen an die Schläfe kein Delikt. Damit drückt der Spanier nämlich nicht seinen Unmut aus, sondern seinen Respekt gegenüber seinen gehörnten Freunden, den Stieren. Hier gilt: Nicht das Ausführen der Geste ist strafbar, sondern ihr Unterlassen. Es droht die Verurteilung zu einem gepfefferten Strafgeld oder – in besonders schlimmen Fällen – zum Besuch eines Konzerts der Gipsy Kings.

JAPAN

Die Japaner sind möglicherweise *noch* höflicher als die Engländer. Auch hier wird niemand eine Beleidigung dahinter vermuten, wenn Sie sich mit dem Finger an die Schläfe tippen. Man wird stattdessen annehmen, dass Sie Suizid verüben wollen, indem Sie sich einen Revolver an die Schläfe halten und abdrücken, aufgrund einer Demenzerkrankung aber vergessen haben, die Schusswaffe einzustecken. Die Folge: Die Geste bleibt auch hier ohne strafrechtliche Folgen. Als suizidgefährdeter Demenzpatient verbringen Sie allerdings den Rest Ihres Lebens in einer Nervenheilanstalt.

USA

Die Amerikaner sind ein sehr direktes Volk. Bis es hier zu einer Beleidigungsklage kommt, muss schon einiges passieren. Bei den Worten „Kiss my ass, you fucking bastards, you dirty, rotten motherfuckers and scumbags!" handelt es sich zum Beispiel nicht um eine Beleidigung, sondern um die offizielle

Begrüßungsformel bei den abendlichen Dinners des Rotary-Clubs.

Wenn man also jemandem durch Tippen an die Schläfe klarmachen möchte: „Du bist ein durchgeknallter Idiot", sind keine negativen Folgen zu erwarten. Die Haltung des Amerikaners dazu ist: „Jawohl, ich *bin* ein durchgeknallter Idiot – das ist mein Freiheitsrecht. Danke, dass du mich daran erinnerst, Buddy."

Handelt es sich bei *Ihnen* allerdings um einen Weißen, und ein Afro- oder Latinoamerikaner zeigt Ihnen den Vogel, so haben wir es nicht mit einer Beleidigung, sondern zweifellos mit eine Bedrohung zu tun. Sollten Sie sich also entschließen, Ihr Gegenüber einfach niederzuknallen, ist ein Freispruch gewiss.

AUSTRALIEN

In Australien steht es unter Strafe, jemandem den Vogel zu zeigen. Aber: Australien ist riesig groß und dünn besiedelt. Wenn Sie also jemandem in Australien den Vogel zeigen, so steht diese Person – statistisch gesehen – etwa 80 Kilometer entfernt von Ihnen. Also: Wenn es sich bei Ihnen um einen unflätigen Rüpel mit mangelnder Emotionskontrolle handelt, sind Sie hier am richtigen Platz. Lassen Sie mal richtig die Sau raus! Ein wenig Vorsicht ist allerdings trotzdem geboten: Sollten sich nämlich Koalas oder Beuteltiger belästigt fühlen, drohen Ihnen harte Strafen. Falls Aussage gegen Aussage steht, entscheidet ein Gottesurteil: ein Boxkampf gegen ein rotes Riesenkänguru.

SÄTZE, DIE SIE ALS ANWALT NIEMALS HÖREN WERDEN ...

••• von einem **Vermieter**:

  ,, Oh, Sie sind Fachanwalt für Mietrecht?
  Egal, Sie haben die Wohnung! "

••• von **Ihrer Frau**:

  ,, Erzähl doch bitte, wie es heute auf der
  Arbeit war. Ich höre dich nämlich für mein
  Leben gern jeden Abend stundenlang
  über Details zum BGB referieren. "

••• von einem **Richter**:

  ,, Ich schlage einen Vergleich vor, und
  zwar aus folgenden Gründen: Ich bin
  faul wie die Sünde und habe keinerlei
  Lust, mich auch nur eine Handbreit mit
  dem Verfahren zu beschäftigen. "

- von einem **Mandanten** in einer **Scheidungsangelegenheit:**

  99 Ich möchte meiner Exfrau mehr Unterhalt zahlen, als ihr zusteht. 66

- von der **Exfrau** des **Mandanten:**

  99 Ich möchte nicht, dass mein Exmann mir so viel Unterhalt zahlt. 66

- vom **Sachverständigen** der **gegnerischen Partei vor Gericht:**

  99 Ehrlich gesagt, geht es mir hier nur ums Geld. Wenn die andere Partei mehr bezahlt, behaupte ich auch gerne das Gegenteil. Abgesehen davon habe ich keinen blassen Schimmer von dem, was ich hier zum Besten gebe – aber es klingt ganz gut. 66

- vom **Richter** im selben **Verfahren:**

  99 Ich habe von den Ausführungen des Sachverständigen nicht das Geringste verstanden – aber es klang ganz gut. 66

WAS SIE ALS ENGLISCHER ANWALT NIEMALS HÖREN WÜRDEN ...

- von einer **Frau:**

  99 Ich finde überhaupt nicht, dass du mit dieser Perücke aussiehst wie ein schwuler Pudel. Ganz im Gegenteil. Diese Perücke wirkt auf mich unglaublich sexy und turnt mich irre an. 66

JURISTISCHE FACHBEGRIFFE
VERSTÄNDLICH ERKLÄRT

KÖRPERVERLETZUNG. Als Körperverletzung bezeichnet man jede unangemessene Behandlung, die das körperliche Wohlbefinden erheblich beeinträchtigt. Dazu gehören die Ausstrahlung von *Das Supertalent*, *Shopping Queen* und sämtliche *Wetten, dass …?*-Folgen mit Markus Lanz. Außerdem: alle Songs und Bühnenkostüme von Andrea Berg und der berüchtigte Lauch-Ingwer-Nutella-Eintopf von Wolfgang F. aus B.

ZAHLUNGSUNFÄHIGKEIT. Dieses Phänomen lässt sich am besten in Ihrer Stammkneipe beobachten, meistens kurz vor der Sperrstunde. Die häufigste Ursache von Zahlungsunfähigkeit ist nicht, wie oft vermutet, der Mangel an Bargeld, sondern grober Alkoholmissbrauch und die daraus resultierenden heftigen Sprach-, Bewegungs- und Koordinationsstörungen. Die möglichen Folgen von Zahlungsunfähigkeit reichen von Deckelmachen über Krasser-Einlauf-vom-Wirt bis hin zum Lokalverbot.

Legendäre STRAFTÄTER

IM STARPORTRÄT

Ohne sie wären die meisten Gerichtsprozesse unfassbar öde: Verbrecher. Viele von ihnen waren schon zu Lebzeiten echte Stars. Hier haben Sie die Gelegenheit, die legendärsten Straftäter nicht nur von ihrer knallharten, sondern auch von ihrer weichen, persönlichen Seite kennenzulernen.

Al Capone

STRAFTAT: Illegales Glücksspiel, Prostitution, illegaler Alkoholhandel, Geldwäsche.

STRAFMASS: 50.000 Dollar Strafe und elf Jahre Haft.

LIEBLINGSESSEN: Spaghetti all'arrabbiata.

WAS ER MAG: Verrätern mit einem Baseballschläger den Kopf einschlagen.

WAS ER NICHT MAG: Wenn der Typ ihm dabei seine weißen Gamaschen mit Blut und Hirnmasse verkleckert.

Bonnie und Clyde

STRAFTAT: Überfälle auf Lebensmittelgeschäfte, Tankstellen und Banken sowie 14 Morde.

STRAFMASS: Wurden in ihrem Wagen von
    167 Kugeln durchsiebt.
LIEBLINGSFILM: *Auf der Flucht.*
LIEBLINGSSONG (von Clyde): *My Bonnie is Over
    the Ocean.*
WAS SIE MÖGEN: Beim Autosex Polizisten
    abballern.
WAS SIE NICHT MÖGEN: Pärchenabende.

Frank Rijkaard
(ehem. holländ. Fußballnationalspieler)
STRAFTAT: Spuckte Rudi Völler im Achtelfinale der
    WM 1990 in den Nacken.
STRAFMASS: Rote Karte.
LIEBLINGSESSEN: Lama-Steak mit Pommes und
    Frikandel.
WAS ER MAG: Minipli-Frisur.
WAS ER NICHT MAG: Minipli-Frisur, aber nur bei
    Rudi Völler.

Hannibal Lecter
STRAFTAT: Mehrfacher Mord in Tateinheit mit
    Kannibalismus.
STRAFMASS: Lebenslange Haftstrafe in einer
    geschlossenen psychiatrischen Anstalt.
LIEBLINGSESSEN: Krankenschwesternzunge und
    frische Menschenleber an Favabohnen.
LIEBLINGSGETRÄNK: Chianti.

WAS ER MAG: Junge, pfiffige FBI-Agentinnen, deren Nachnamen sich auf „Darling" reimen.

WAS ER NICHT MAG: Dass er in seiner Zelle nicht aus dem Fenster schauen kann.

Jack the Ripper

STRAFTAT: Mord an fünf Prostituierten und Verstümmelung weiterer vier Opfer.

STRAFMASS: Wurde nie gefasst, konnte deshalb auch nie seine Autobiografie für Millionen an einen skrupellosen Verleger verkaufen.

LIEBLINGSSPIEL: Black Jack.

LIEBLINGSGETRÄNK: Bloody Mary.

LIEBLINGSFILM: *M – eine Stadt sucht einen Mörder* (Fritz Lang).

WAS ER MAG: Den Glanz eines nagelneuen Skalpells im Mondlicht.

WAS ER NICHT MAG: Frauen.

Kain

(Sohn von Adam und Eva)

STRAFTAT: Tötete bei einem Eifersuchtsdrama ein Viertel der Menschheit.

STRAFMASS: Anschiss durch Gott und In-der-Ecke-Stehen.

LIEBLINGSSONG: *Brothers in Arms* (Dire Straits).

LIEBLINGSFILM: *Jenseits von Eden.*

WAS ER MAG: Schwestern.

WAS ER NICHT MAG: Brüder.

Max und Moritz

STRAFTAT: Diebstahl, Körperverletzung, grober Unfug.

STRAFMASS: Tod durch In-der-Mühle-zu-Schrot-gemahlen-Werden.

LIEBLINGSESSEN: Gebratenes Hühnchen an Angelhaken.

WAS SIE MÖGEN: Brücken ansägen, die später zusammenbrechen.

WAS SIE NICHT MÖGEN: Brücken, die auch dann zusammenbrechen, wenn man sie *nicht* ansägt. Also in Deutschland fast alle.

Nero

STRAFTAT: Brandstiftung in Tateinheit mit Ruhestörung (Singen und Lyra spielen).

STRAFMASS: Schied vor einer möglichen Strafe durch Suizid aus dem Leben.

LIEBLINGSBUCH: *Feuerkind* (Stephen King).

LIEBLINGSFILM: *Feuerteufel* (nach dem Roman *Feuerkind*).

LIEBLINGS-SERIENFIGUR: Fred Feuerstein.

LIEBLINGSSONG: *Ring of Fire* (Johnny Cash).

LIEBLINGSESSEN: Mexikanischer Feuertopf.

LIEBLINGSGETRÄNK: Feuerzangenbowle.

WAS ER MAG: Feuerwerk.

WAS ER NICHT MAG: Christen. Und Feuerlöscher.

Silvio Berlusconi

STRAFTAT: Schmiergeldzahlungen, Bilanz-fälschungen, Bestechung, Bruch des Amtsgeheimnisses, Steuerbetrug, Zusammenarbeit mit der Mafia, Betrug, schwere Körperverletzung, Beihilfe zum Totschlag, unterlassene Hilfeleistung, Beleidigung, Diebstahl, Sex mit Minderjährigen und Steuerhinterziehung in Höhe von 470 Mio. Euro.

STRAFMASS: Ein paar Stunden Sozialarbeit.

WAS ER MAG: Das italienische Justizsystem.

WAS ER NICHT MAG: Dass es ein paar Straftaten gibt, die er noch *nicht* begangen hat.

KURZKRIMI

Als Kommissar Jeff Carter gegen 22 Uhr das Richterzimmer des District Court betrat, war sein Assistent Bill Smith bereits anwesend.

„Richter John D. Prescott II", sagte Smith und deutete auf den farbigen Toten, der mit bizarr verrenkten Gliedern vor ihm lag. Sein malträtierter, dunkelhäutiger Schädel lag in einer großen Blutlache, und Carter war es fast peinlich, dass er bei diesem schrecklichen Anblick an Tartufo mit Himbeersoße denken musste. „Wurde kurz nach der Verhandlung hier gefunden", berichtete Smith. „Die hat sich bis 21.30 Uhr hingezogen, obwohl es wohl gar kein so schwieriger Fall war."

Carter nickte, dann deutete er auf den blutverschmierten Richterhammer neben dem Toten. „Ist das die Tatwaffe?"

„Vermutlich", antwortete Smith. „Ist aus massivem Eichenholz. Wir wissen aber noch nicht, ob es Mord war oder Suizid."

„Suizid?", Carter schaute seinen Kollegen ungläubig an.

Smith grinste. „War nur ein Scherz, Chef. Natürlich war es Mord." Carter lächelte gequält. „Der Hammer gehört übrigens nicht Prescott", fuhr Smith fort, „sondern einem seiner Erzfeinde, Richter James W.

Adams III. Er hat heute seinen freien Tag. Sergeant Green ist bereits unterwegs zu ihm."

„Okay", erwiderte Carter, „gibt's noch weitere Verdächtige?"

„Den Gerichtsschreiber, Mr. Jenkins", erwiderte Smith. „Er hat angegeben, dass er nach der Verhandlung im Richterzimmer gewesen sei, weil Prescott ein Detail aus dem Protokoll brauchte. Aber Jenkins beteuert seine Unschuld, und er hat auch kein Motiv."

„Hatte Prescott noch andere Feinde, außer Richter Adams?", wollte Carter wissen.

Smith nickte. „Einen der Geschworenen, Ray Cist. Er hasst Richter Prescott, weil er als Mitglied des Ku-Klux-Klans *alle* Schwarzen hasst. Und weil Prescott ihn während der Verhandlung wegen einer rassistischen Bemerkung gerügt hat. Mr. Cist hatte nach der Rüge laut und vernehmlich geäußert, dass Prescott sein Verhalten noch bereuen werde. Steht alles hier drin …"

Smith reichte seinem Chef das Verhandlungsprotokoll. Carter blätterte in der umfangreichen Akte und knetete dabei nachdenklich seine Unterlippe.

„Soll ich mich schon mal in Prescotts privatem Umfeld umsehen?", fragte Smith.

„Nicht nötig", antwortete Carter lächelnd. „Ich glaube, ich weiß schon, wer der Mörder ist ..."

Wen hatte Kommissar Carter in Verdacht?

LÖSUNG

Der Mörder outete sich durch das Verhandlungs-protokoll. Da dort jede noch so winzige Äußerung verzeichnet war, konnte Carter erkennen, dass es sich bei Richter Prescott um einen starken Stotterer han-delte. Deshalb hatte die Verhandlung auch so lange gedauert. Dies lenkte Carters Verdacht auf Gerichts-schreiber Jenkins, der entgegen Smiths Einschätzung sehr wohl ein Motiv hatte. Die jahrelang aufgestaute Wut darüber, die stundenlangen Ausführungen eines stotternden Richters stenografieren zu müssen, hatte sich bei Jenkins nach einer weiteren endlosen Urteils-verkündung Bahn gebrochen. Als Prescott ihn nach der Verhandlung in sein Büro bat, nutzte Jenkins die Gelegenheit und erschlug den Richter mit seiner gusseisernen Stenografiermaschine. Anschließend legte er den Hammer neben den Toten, um den Ver-dacht von sich abzulenken.

Ray Cist und Richter Adams kamen als Täter von vornherein nicht in Betracht. Cist hätte nach der Tat ein brennendes Kreuz hinterlassen, und ein verbe-amteter Richter wie Adams wäre niemals an seinem freien Tag ins Gericht gekommen, nicht einmal, um einen verhassten Kollegen zu ermorden.

INTERVIEW MIT
VLAD DEM PFÄHLER

Damals ein Starjurist, heute in der juristischen Fachwelt fast vergessen: **V L A D   T E P E S   D R A C U L E A** *(1431–77), genannt „Der Pfähler", der despotische transsylvanische Fürst, dessen Vorliebe darin bestand, seine Gegner zu Tausenden auf Pfählen aufspießen zu lassen. Wir kennen ihn als historische Vorlage für die literarische Figur des Grafen Dracula, aber in Wirklichkeit war er einer der großen Universaljuristen seiner Zeit: Als Herrscher der Walachei fungierte er gleichzeitig als Gesetzgeber, Richter und Staatsanwalt. Mit einer sagenhaften Erfolgsquote: 40.000 Anklagen und kein einziger Freispruch. Wenn dieser Mann nicht für „law and order" steht – wer dann? Wir hatten Gelegenheit, mit ihm über die alten, besseren Zeiten zu plaudern. Der überraschend jung aussehende, wenn auch ein wenig blasse Grandseigneur der walachischen Strafjustiz empfing uns in seiner Bibliothek, reichte selbst gemixte Drinks und zeigte sich im Gespräch liebenswürdig und aufgeräumt.*

Herr Tepes, wie hat sich die Gesetzgebung und die juristische Praxis aus Ihrer Sicht in den letzten Jahrhunderten weiterentwickelt?

TEPES: Im Vergleich zur heutigen Generation war der Berufsalltag viel stressiger. Zum Beispiel ein Prozess gegen 3.000 Beklagte gleichzeitig, wie gegen die Kaufleute von Kronstadt ...

... das war ja damals die Geburtsstunde des Begriffes „Sammelklage"...

TEPES: ... exakt. Das war schon eine organisatorische Herausforderung.

Aber ein Erfolg, oder?

TEPES: Ja, Verurteilungsquote hundert Prozent. Und zwar nur Todesurteile, keine Haftstrafen – das hat natürlich auch die Kollegen im Strafvollzug enorm entlastet. Aber ich stand danach kurz vor dem Burn-out.

Doch in mancher Beziehung hatten Sie es natürlich auch leichter ...

TEPES: Natürlich – bei der Bemessung des Strafmaßes musste man nicht langwierig zwischen Hunderten von Möglichkeiten auswählen. Der Spielraum lag zwischen „den Verurteilten auf einem Pfahl aufspießen und nachher vorm Stadttor verrotten lassen" und „den Verurteilten auf einem Pfahl aufspießen und nachher den Hunden zum Fraß vorwerfen". Aber trotzdem hat man es sich nicht leicht gemacht ...

Das heißt, der Einzelfall wurde individuell geprüft?

TEPES: Genau. Da steht man als Jurist in der Verantwortung. Hatte der Angeklagte eine schwere Kindheit? Lebt er in geordneten Verhältnissen? Wie steht es um die Gefahr eines Rückfalls? Wie ist seine Sozialprognose?

Bei einer schlechten Prognose bedeutete das ...

TEPES: ... Pfählen.

Und bei einer guten Prognose ...

TEPES: Pfählen. Man will's ja nicht übertreiben mit der Gefühlsduselei.

Natürlich ...

TEPES: Und das Ganze hatte natürlich einen Vorteil, der heute häufig übersehen wird: Bei sämtlichen Strafdelikten lag die Rückfallquote aufgerundet bei 0,0 Prozent.

Gab es denn viele Diskussionen mit den Schöffen?

TEPES: Nein, nur ein kollegiales Miteinander. Die Schöffen waren eigentlich immer meiner Meinung und betonten dies oft auch, zum Beispiel indem sie darauf bestanden, auf die Knie zu fallen und den Boden vor meinen Füßen zu küssen. Ach, diese herzliche Kollegialität vermisse ich doch manchmal.

Wenn man sich bei Ihnen umsieht, vermisst man ein wenig die sonst üblichen juristischen Fachbücher.

TEPES: Dabei habe ich das Bürgerliche Gesetzbuch der Walachei aus dem Jahr 1465 hier ... [Er zieht einen vergilbten Zettel im Format DIN A5 hervor]. Sämtliche sechs Paragrafen.

Nur sechs?

TEPES: Ja. Der Übersichtlichkeit halber wurde die Zahl der Delikte etwas reduziert: Auf 1.) Mord, 2.) Diebstahl, 3.) eheliche Unzucht, 4.) Hurerei und 5.) alles andere, was mich auch noch nervt – zusammengefasst unter dem Delikt „Hochverrat".

Genial. Und sechstens?

TEPES: Falschparken.

Natürlich – Falschparker nerven immer. Weg mit denen.

TEPES: Ich sehe, Sie teilen mein Rechtsverständnis. Sie hätten bei uns einen prima Schöffen abgegeben.

Nur sechs mögliche Delikte und eine einzige Strafe – so effizient war nicht einmal das römische Rechtssystem.

TEPES: Ja. Ich denke, meine Leistungen als Vereinfacher des Strafrechts wurden von der juristischen Fachliteratur nie genügend gewürdigt. Ebenso wenig meine Erfolge. Zum Beispiel gab es gegen

Ende meiner Amtszeit um 1470 so gut wie keine Falschparker mehr in der Walachei.

Davon träumen wir heute. Und das alles haben Sie allein bewirkt ...

TEPES: Ach, ich hatte auch Unterstützung und habe das eine oder andere outgesourct. Bei kleinen Nachbarschaftsstreitigkeiten zum Beispiel konnte man natürlich auch damals schon einen ausgebildeten, von mir selbst ausgesuchten Schiedsmann anrufen. Der führte dann ein langes Gespräch und sorgte für gegenseitiges Verständnis.

Und nachher gaben sich die verfeindeten Nachbarn die Hand?

TEPES: Nein. Beide wurden gepfählt. Aber der Streit war beigelegt.

Eine simple Lösung, zu gegenseitiger Zufriedenheit. Und niemand wird benachteiligt.

TEPES: Exakt.

Und nachdem Sie in Rente gegangen waren, ging es dann bergab mit dem Justizwesen?

TEPES: Ja. Allein die Strafbemessung der späteren Kollegen: Vierteilen, aufs Rad flechten, die Eingeweide herausschneiden, in heißem Fett braten lassen ... Ich bitte Sie: Ebenso gut könnten Sie den Delinquenten ein Küsschen geben und ihnen auf die Schulter klopfen.

Damals fing es also an mit der sogenannten „Kuscheljustiz"...

TEPES: Leider. Wie schmeckt Ihnen übrigens der Cocktail?

Großartig. Was ist das?

TEPES: Ein Dry Martini. Gin, Wermut, Eis und eine aufgespießte Olive. Ich weiß nicht wieso – aber für das Zeug könnte ich töten.

Herr Tepes, wir danken Ihnen für dieses Gespräch.

STRAFBARES VERHALTEN IM FILM

Hollywoodfilme sind häufig wenig realistisch. So präsentieren viele von ihnen Handlungen, in denen strafrechtlich relevantes Fehlverhalten nachlässigerweise nicht zur Anzeige gebracht wird. Hier liefern wir einige eklatante Beispiele, die geeignet sind, die eigenen juristischen Fachkenntnisse zu überprüfen: An welchen Stellen liegen Delikte vor?

„DER ZAUBERER VON OZ" (1939)

Dorothy G., ein Mädchen aus Kansas, wird von einem Wirbelsturm in das magische Land Oz verschlagen, wo die böse Hexe des Westens sie töten will. Welche der beteiligten Personen hat sich schuldig im Sinne des Strafrechts gemacht?

a Die Hexe des Westens durch Mordversuch an Dorothy G. (StGB §211). *(1 Punkt)*

b Dorothy G. durch räuberischen Diebstahl in besonders schwerem Fall (ein Paar rote Schuhe), (StGB §252). *(3 Punkte)*

c Die US-Katastrophenschutzbehörde FEMA durch fahrlässige Körperverletzung im Amt (StGB §229) in besonders schwerem Fall – vor einem Sturm, der so schwer ist, dass er ganze Häuser über Landesgrenzen hinweg transportiert, ergeht keine Warnung an die Bevölkerung! Unverantwortlich! *(5 Punkte)*

„BRAVEHEART" (1995)

Im 13. Jahrhundert kämpfen die Schotten unter dem Freiheitshelden William Wallace gegen die Engländer um ihre Unabhängigkeit. In einer Szene wirft der englische König Edward I. den Freund seines homosexuellen Sohnes aus dem oberen Fenster des königlichen Palastes. Inwiefern macht er sich strafbar?

a Hier wird ein Mensch im Zorn ohne Vorsatz getötet. Es handelt sich um Totschlag (StGB §212). *(1 Punkt)*

b Hier wird ein Mensch wegen seiner sexuellen Ausrichtung einer Aggression ausgesetzt. Es handelt sich um einen Verstoß gegen das Diskriminierungsverbot (Art. 3 GG). *(3 Punkte)*

C Hier wird ein Toter beziehungsweise zu erwartender Toter an einem privaten Bestattungsplatz seiner letzten Ruhe zugeführt – ohne die vorgeschriebene schriftliche Genehmigung. Es handelt sich um einen Verstoß gegen das Bestattungsgesetz (BestattG §9). *(5 Punkte)*

„DER WEISSE HAI" (1975)

Ein weißer Hai bedroht Badegäste in einem amerikanischen Küstenort. Bereits in der Eingangsszene tötet er eine einsame morgendliche Schwimmerin. Wo liegt hier strafbares Fehlverhalten vor?

a Beim Hai – Mord in besonders schwerem Fall (StGB 211). *(1 Punkt)*

b Beim Hai – Jagen ohne Jagderlaubnisschein (BjagdG §15) mit nicht zugelassenen Waffen (BjagdG §19) und außerhalb der Jagdzeiten (BjagdG §22). *(3 Punkte)*

c Beim Hai und der Schwimmerin – Nutzung des städtischen Badebereichs außerhalb der Strandöffnungszeiten, zu werten als Hausfriedensbruch (StGB §123). *(5 Punkte)*

„JESUS CHRIST SUPERSTAR" (1973)

Der Film zeigt das Leben von Jesus Christus. Einer der Höhepunkte ist die Abendmahlszene. Wer begeht Straftaten?

a Judas I. beschimpft im Streit Jesus C. und macht sich einer Beleidigung in minderschwerem Fall schuldig (StGB §185). *(1 Punkt)*

b Nirgendwo findet sich ein Hinweis, dass Jesus C. als Gastgeber des Abends nach Verlassen des Restaurants die Rechnung bezahlt hätte. Also macht er sich der Zechprellerei schuldig (StGB § 263). *(3 Punkte)*

c Jesus C. preist nach dem Essen mit der Aufforderung „... trinket alle davon" einen neuen Softdrink an und versucht offensichtlich, eine Getränkemarke zu kreieren („Mein Blut").
Die Filmfirma Universal Pictures macht sich hier der verbotenen Schleichwerbung schuldig (UWG §4). *(5 Punkte)*

„ARMAGEDDON" (1998)

Ein riesiger Asteroid steuert auf die Erde zu und droht, die Zivilisation zu zerstören. Ein Ölbohrteam unter der Führung von Bruce Willis fliegt im Spaceshuttle zum Meteor, um dort eine Atombombe zu zünden, die den Himmelskörper von seiner Bahn ablenken wird. Wer macht sich warum strafbar?

a Der Pilot des Spaceshuttles: durch Parken auf der – nicht als Parkzone ausgewiesenen – Asteroidenoberfläche (StVO §12). *(5 Punkte)*

b Bruce Willis: durch das Mitspielen in diesem schlimmen Schundfilm (Regel 1 des guten Geschmacks). *(1 Punkt)*

c Der Asteroid: durch ein unverantwortlich überhöhtes Tempo von 27.000 km/h bei seinem Flug durchs All. Selbst auf deutschen Autobahnen wäre dies grenzwertig (StVO §3). *(5 Punkte)*

5 P U N K T E : Na super, Sie sind in der Lage, das Offensichtliche zu erkennen. Das haben Sie einigen Menschen voraus, nämlich halluzinierenden Schizophrenie-Patienten, Langzeitnutzern von bewusstseinsverändernden Drogen und Alzheimerkranken im Endstadium. Dies sind auch die einzigen Personengruppen, die noch schlechter als Sie für den Anwaltsberuf geeignet sind, Sie Wurst. Sie könnten nicht einmal einen Falschparker vor der Todesstrafe bewahren. Unser Tipp: Wenn Sie unbedingt etwas mit der Rechtsprechung zu tun haben wollen, satteln Sie um – auf Gerichtsschreiber, Dorfbüttel oder Anklagebank.

6 B I S 2 3 P U N K T E : Nichts Halbes und nichts Ganzes. Sind Sie jetzt etwa stolz auf sich?

2 5 P U N K T E : Juristische Kreativität ist Ihr zweiter Vorname. Wo Sie sind, da ist auch ein Fall. Sie hätten selbst Mahatma Gandhi und Benjamin Blümchen vor ein Menschenrechtstribunal gebracht – und Pol Pot oder Attila, den Hunnen da rausgeboxt. Chapeau!

DIE BESTEN
ANWALTSSERIEN
ALLER ZEITEN

████████████████████████████████████

Wenn deutsche und amerikanische Fernseh-macher mal so richtig ihre kreative Potenz raushängen lassen wollen, dann klingt das oft so: „Hey Leute, was haltet ihr davon, wenn wir mal was ganz Neues ausprobieren? Wie wär's zum Beispiel mit einer Anwaltsserie?" Einige notorische Nörgler mögen jetzt einwenden: „Eine Anwaltsserie??? Da gibt's doch schon Hunderte! Und die sind alle gleich!" Weit gefehlt! Die Unterschiede zwischen den einzel-nen Serien sind teilweise immens. Zum Beweis hier einige der innovativsten und spannendsten Formate der letzten Jahrzehnte im Überblick:

PETROCELLI (ZDF): Der engagierte Anwalt Tony Petrocelli hat ein großes Herz für kleine Leute. Unermüdlich kämpft er für seine Mandanten, obwohl diese ihn oft nicht bezahlen können. Leider können sich Petrocelli und seine Frau deshalb kein eigenes Haus leisten, sondern müssen stattdessen in einem kleinen Wohnwagen am Rande der Wüste leben. Aber ein echter Menschenfreund wie Petrocelli – der lässt den Kopf nicht hängen!

DANNI LOWINSKI (SAT.1): Die engagierte Anwältin Danni Lowinski hat ein großes Herz für kleine Leute. Unermüdlich kämpft sie für ihre Mandanten, obwohl diese sie oft nicht bezahlen können. Leider kann sich Danni Lowinski deshalb keine eigene Kanzlei leisten, sondern muss stattdessen jeden Tag einen kleinen Klapptisch in einer freudlosen Kölner Einkaufspassage aufstellen. Aber eine selbstbewusste und humorvolle Powerfrau wie Danni Lowinski – die lässt den Kopf nicht hängen!

LIEBLING KREUZBERG (ARD): Der engagierte Anwalt Robert Liebling hat ein großes Herz für kleine Leute. Unermüdlich kämpft er für seine Mandanten, obwohl die ihn oft nicht bezahlen können. Leider kann sich der notorische Schürzenjäger deshalb kein eigenes Bett leisten und muss sich stattdessen durch sämtliche Kreuzberger Schlafzimmer vögeln. Ein schweres Schicksal, aber ein positiver Typ wie Anwalt Liebling – der lässt den Kopf nicht hängen! Und alles andere auch nicht.

CHRISTOPHER POSCH – ICH KÄMPFE FÜR IHR RECHT (RTL): Der engagierte Anwalt Christopher Posch hat ein großes Herz für kleine Leute. Unermüdlich kämpft er für seine Mandanten, obwohl diese ihn gar nicht bezahlen. Leider kann sich Posch deshalb keine guten Drehbücher leisten und muss sich stattdessen durch selten bekloppte Plotideen und hirnverbrannte Dialoge kämpfen. Ein schweres Schicksal, aber ein

innovativer und experimentierfreudiger Sender wie RTL – der lässt den Posch nicht einfach hängen, sondern unterstützt ihn nach Kräften bei der sinnlosen Vernichtung von Sendezeit.

EIN FALL FÜR ZWEI (ZDF, 1. Staffel): Der von dem hyperaktiven Privatdetektiv Matula dauergenervte Anwalt Dr. Renz hat überhaupt kein Herz für kleine Leute und würde niemals einen Fall übernehmen, der auch nur von Weitem nach schlechter Bezahlung riecht. Unermüdlich kämpft er nur für Mandanten, die aus der Frankfurter Oberschicht stammen und ihn für jeden Furz mit Geld zuscheißen. Leider kann sich Renz trotzdem nur eine Kanzlei im *zweit*teuersten Büroturm der Mainmetropole leisten und seine Arbeitstage erst ab 13 Uhr auf dem Golfplatz verbringen. Ein schweres Schicksal, aber Renz lässt den Kopf nicht hängen! Noch zwei, drei *richtig* lukrative Fälle, dann muss er gar nicht mehr arbeiten und kann auch am Rest des Tages sein Handicap verbessern.

DER FALL
HÄNSEL & GRETEL

Abdruck eines Briefes des Anwalts von Hans und Margarete Holzhacker an den leitenden Staatsanwalt vor der Gerichtsverhandlung

Sehr geehrter Herr Staatsanwalt,

Bezug nehmend auf Ihre Klageschrift möchte ich den Ablauf des Falles nochmals so darlegen, wie er mir von meinen Mandanten geschildert wurde:

Aufgrund einer immer weiter wachsenden Verschuldung und um der dadurch drohenden Privatinsolvenz entgegenzuwirken, entschloss sich der in prekären Verhältnissen lebende Vater meiner Mandanten, der Waldarbeiter Heinrich Holzhacker (37 Jahre), im Folgenden „Heinrich H." genannt, zusammen mit seiner Ehefrau Maria H. (31 Jahre), seine beiden leiblichen Kinder Hans Holzhacker (7 Jahre) und Margarete Holzhacker (6 Jahre), im Folgenden „Hänsel H." und „Gretel H." genannt, unter Vortäuschung falscher Tatsachen in einen besonders abgelegenen Teil des ihm zur Pflege überlassenen Forstgebietes zu führen, mit dem Ziel, die Kinder dort alleine zurückzulassen. Damit machten sich beide Elternteile wissentlich einer groben Verletzung ihrer Aufsichtspflicht schuldig, was das weitere Verhalten meiner Mandanten stark beeinflussen sollte.

Hänsel H. hatte, wie Sie bereits anmerkten, zahlreiche Lebensmittelreste auf dem Forst- und Landwirtschaftsweg verstreut, um unter Zuhilfenahme selbiger wieder nach Hause zu finden. Ihre Auffassung, dass es sich hierbei um eine unerlaubte Abfallentsorgung nach § 326 StGB handelte, kann ich nicht teilen. Dies ist schon deshalb nicht haltbar, weil kurz darauf eine nicht näher zu bestimmende Anzahl von flugfähigen Wirbeltieren, im Folgenden „Vögel" genannt, die Lebensmittelreste von dem genannten Forst- und Landwirtschaftsweg aufpickten und anschließend verzehrten.

Nachdem meine Mandanten von ihren Eltern ausgesetzt worden waren, gingen sie nach eigenen Angaben „die ganze Nacht und noch einen Tag von Morgen bis Abend", also ca. 22,4 Stunden, zu Fuß durch das Forstgebiet, ohne jedoch wieder aus selbigem herauszufinden. Diese übermäßige körperliche Anstrengung könnte der Grund dafür sein, warum Hänsel und Gretel H. bis heute bei der Aussage bleiben, dass „ein schneeweißes Vögelein" sie zu einem kleinen, privat genutzten Haus im Forstgebiet geführt habe, bei dem die Wände und das Dach „aus Pfefferkuchen" und die Fenster „aus hellem Zucker" gewesen seien und sie aus einem starken Hungergefühl heraus angeblich „Teile des Daches und eine der Fensterscheiben" gegessen hätten. Sollte diese Aussage wider Erwarten dem noch ausstehenden psychiatrischen Gutachten standhalten und sich als wahrheitsgemäß herausstellen, möchte ich dennoch Ihren Vorwurf des Hausfriedensbruchs nach § 123 StGB zurückweisen, weil meine Mandanten aus einer körperlichen Notlage heraus handelten.

Es ist richtig, dass meine Mandanten kurz darauf eine Stimme aus dem Inneren des Hauses hörten, die Folgendes geäußert haben soll: „Knusper, knusper, knäuschen, wer begeht eine vorsätzliche Sachbeschädigung an meinem Häuschen?" Es ist auch richtig, dass meine Mandanten darauf nicht ganz wahrheitsgemäß: „Der Wind, der Wind, das himmlische Kind ..." antworteten, aber den von Ihnen ins Feld geführten Tatbestand der Sachbeschädigung kann ich aus denselben Gründen, die schon beim Tatbestand des Hausfriedensbruchs genannt wurden, nicht nachvollziehen.

Korrekt ist, dass die Besitzerin des Hauses, die staatlich geprüfte Heilpraktikerin und Hexe Walburga Kleine-Breidenbach (157 Jahre), im Folgenden „Walburga K." genannt, zu Hänsel und Gretel H. hinauskam. Unter Vortäuschung falscher Tatsachen („Euch geschieht kein Leid") bat sie meine Mandanten in ihr Haus. Diese folgten der Einladung, in Unkenntnis, dass es sich, wie wir heute wissen, bei Walburga K. offenbar um eine pathologische Serienmörderin und Kannibalin handelte. Dies wird dadurch belegt, dass Walburga K. in Gegenwart meiner Mandanten Sätze wie „Die habe ich, die sollen mir nicht entwischen" und „Das wird mir ein guter Bissen werden" äußerte.

In den frühen Morgenstunden des darauf folgenden Tages beging Walburga K. ein schwerwiegendes Freiheitsdelikt, indem sie Hänsel H. in einen zur Unterbringung von Haustieren dienenden Verschlag zerrte und ihn dort einschloss. Danach forderte sie Gretel H. auf, ihrem Bruder eine große Menge Nahrung mit dem Ziel der Gewichtszunahme zuzuführen. Aufgrund der von Walburga K. getätigten Ankündigung „Wenn er fett ist, will ich ihn essen", muss diese Verhaltensweise eindeutig als Nötigung nach § 240 StGB und versuchter Mord nach § 211 StGB bewertet werden.

Darüber hinaus zwang Walburga K. meine Mandantin Gretel H. zu überprüfen, ob der Ofen, in welchem Walburga K. vorgeblich Brot backen wollte, bereits ausreichend vorgeheizt sei. Gretel H. vermutete, dass Walburga K. sie bei dieser Gelegenheit in den brennenden Ofen stoßen wollte. Sie, Herr Staatsanwalt, stellen zu Recht fest, dass schlussendlich meine Mandantin Walburga K. in den Ofen stieß, wodurch Letztere sich Verbrennungen vierten Grades zuzog, an deren Folgen sie kurz darauf verstarb. Ich möchte aber Ihrer Sicht, es handele sich dabei seitens meiner Mandantin um Mord nach § 211 StGB, nicht folgen und stattdessen auf Notwehr nach § 32 Abs. 2 StGB plädieren.

Korrekt ist auch, dass meine Mandanten unmittelbar nach dem Tod von Walburga K. deren Haus betraten, um diverse Wertgegenstände daraus zu entwenden. Dies als Eigentumsdelikt nach § 243 StGB zu bewerten, ist sicher nicht ganz falsch, ich möchte hier aber mildernde Umstände geltend machen aufgrund der Tatsache, dass die geistige Zurechnungsfähigkeit meiner Mandanten durch das zuvor erlittene Leid stark eingeschränkt war. Diese Annahme wird m. E. auch durch die Aussage meiner Mandanten gestärkt, dass sie auf dem Rückweg nach Hause einen großen See „auf dem Rücken einer weißen Ente" überquert haben wollen. Auch hier ist anzunehmen, dass meine Mandanten Opfer einer durch die vorherigen traumatischen Erlebnisse ausgelösten

Wahrnehmungsstörung geworden sind. Sollte sich dies nicht bestätigen, handelt es sich bei der Seeüberquerung trotzdem nicht, wie Sie behaupten, um einen Verstoß gegen § 17 TierSchG („Tierquälerei"). M. E. ist es durchaus möglich, dass eine ausgewachsene Stockente zwei Kinder im schulpflichtigen Alter transportieren kann, ohne dabei Schaden zu nehmen. Wenn Ameisen das Vielfache ihres eigenen Körpergewichts tragen können, warum sollten Stockenten dies nicht können?!

Nachdem meine Mandanten wieder zu Hause angekommen waren, überreichte Gretel H. ihrem Vater Heinrich H. die Wertgegenstände, welche sie mit ihrem Bruder aus dem Haus von Walburga K. entwendet hatte. Heinrich H. verkaufte einen Teil der Wertgegenstände und machte sich damit, wie Sie richtig feststellten, der Hehlerei nach § 259 StGB schuldig. Meine Mandanten leben trotzdem weiterhin bei ihrem Vater, was m. E. kein rechtliches Problem darstellt, weil Heinrich H. als leiblicher Vater über das alleinige Sorgerecht verfügt.

Ich möchte Sie bitten, Ihre Klageschrift entsprechend abzuändern.

Mit freundlichen Grüßen,

FALLSTRICKE DES
MIETRECHTS

Der Urururururenkel des im Jahre 2580 v. Chr. verstorbenen ägyptischen Pharaos Cheops, Kevin Cheops, bekam unlängst unangenehme Post von der Stadt Gizeh. Da auch in Ägypten ein Mietvertrag nicht mit dem Tode des Mieters automatisch endet, ging das Liegenschaftsamt der Metropole davon aus, dass das Mietverhältnis über die Cheops-Pyramide nach wie vor rechtsgültig sei, und forderte vom verblüfften Nachfahren des berühmten Pharaos eine saftige Mietnachzahlung. Zugrunde gelegt wurde dabei eine Kaltmiete in Höhe von drei Ägyptischen Pfund pro Quadratmeter, was bei dem rund 53.000 Quadratmeter großen Mietobjekt einer monatlichen Miete von umgerechnet ca. 15.000 Euro entspricht. Hochgerechnet auf die Mietdauer von 4.594 Jahren kommt auf Kevin Cheops mithin eine Nachzahlung in Höhe von umgerechnet gut 825 Millionen Euro zu. Hierbei wurden die Kosten für die vom Mieter versäumten Schönheitsreparaturen und Renovierungsauflagen (alle zwei Jahre streichen und tapezieren) noch nicht einmal mit eingerechnet.

DIE BESTEN
SONGS

FÜR JURISTEN

Die wenigsten Songs, die es in die internationalen Pop-Charts geschafft haben, handeln von Juristen. Dachten wir zumindest. Doch kürzlich hat der niederländische Anwalt und Hobbymusiker Rik van Rechtsverdrehung herausgefunden, dass viele bekannte Songs in Wirklichkeit für Anwälte und Richter getextet wurden. Aus seinen Fundstücken hat er eine imposante Musikkompilation zusammengestellt mit genauen Angaben, für wen der jeweilige Song geschrieben wurde. Hier eine kleine Auswahl:

FÜR RICHTER …

… die gerade eine Haftstrafe verkündet haben: ROOM WITH A VIEW (Tony Carey).

… die gerade eine lebenslange Haftstrafe verkündet haben: ONE WAY TICKET (Eruption).

… die den zu lebenslänglich Verurteilten aufmuntern möchten: DON'T WORRY, BE HAPPY (Bobby McFerrin).

... die ihre amerikanischen Kollegen um ihr Arbeitsgerät beneiden: I F   I   H A D   A   H A M M E R (Pete Seeger), K N O C K   O N   W O O D (Amii Stewart) oder B O O M   B O O M   B O O M (The Outhere Brothers).

FÜR ALLE STAATSANWÄLTE …

... die noch an ihrer Fragetechnik feilen können: W H Y   D I D   Y O U   D O   I T ? (Stretch).

FÜR ALLE ANGEKLAGTEN …

... die noch an Ihren Antworten feilen können: W O U L D   I   L I E   T O   Y O U ? (Charles & Eddie).

FÜR DEN SCHEIDUNGSANWALT:

T I M E   T O   S A Y   G O O D B Y E (Andrea Bocelli/Sarah Brightman) oder S A G   B E I M   A B S C H I E D   L E I S E   S E R V U S (Peter Alexander).

FÜR DEN SCHEIDUNGSANWALT …

... der für seinen Mandanten das Sorgerecht erstreiten will: M Y   H E A R T   B E L O N G S   T O   D A D D Y (Marilyn Monroe).

FÜR DEN PROMI-ANWALT …

... in der Prozesspause: C O C A I N E (Eric Clapton).

… die Intensivstraftäter und Mitglieder der Mafia in Deutschland verteidigen: **G A N G S T A ' S P A R A D I S E** (Coolio).

FÜR DEN ERBRECHTLER:

T H E   W I N N E R   T A K E S   I T   A L L   (ABBA).

FÜR DEN KARRIEREBEWUSSTEN ANWALT:

M O N E Y (Pink Floyd).

FÜR DEN SEHR KARRIEREBEWUSSTEN ANWALT:

M O N E Y ,   M O N E Y ,   M O N E Y (ABBA).

FÜR DEN RICHTER IN PENSION:

M O N E Y   F O R   N O T H I N G (Dire Straits).

BLICK IN DIE ZUKUNFT

Leonie Spielmann hat sich heute ihr bestes Kleid angezogen. Aufgeregt sitzt sie in ihrem Wohnzimmer und blickt gespannt auf ihr antikes iPad.

„Seit 60 Jahren warte ich auf meinen Prozess. Und heute ist es endlich so weit." Die rüstige 90-Jährige hatte 2040 ihren Freund Lukas B. auf Unterhaltszahlung verklagt. „Lukas hat nie einen Cent für die vier Kinder bezahlt. Aber ich hoffe, dass ich heute Recht bekomme. Bevor auch noch mein Jüngster in Rente geht." Der Bildschirm flackert. Ein Gesicht erscheint. Leonie Spielmann nimmt Haltung an. „Das ist der Richter", flüstert sie ehrfurchtsvoll und knetet nervös ihre Finger.

Aus dem Lautsprecher des iPads ertönt quäkend eine Stimme: „Im Namen des Volkes ergeht folgendes Urteil: Leonie Spielmann wird wegen schwerer Körperverletzung in Tateinheit mit räuberischer Erpressung und Bildung einer kriminellen Vereinigung zu einer Haftstrafe von acht Jahren und neun Monaten verurteilt. Dieses Urteil wurde Ihnen präsentiert von Maybelline-Jade."

Der Bildschirm wird schwarz. Leonie Spielmann ist fassungslos. „Ein Justizirrtum …", haucht sie mit tonloser Stimme. Der Rest ihrer Worte geht unter im lauten Bersten der Wohnungstür. Wenige

Sekunden später stehen Beamte eines Sondereinsatzkommandos im Wohnzimmer, um die Rentnerin ihrer Strafe zuzuführen.

Fabian G., SEK-Beamter: „Klar, die meisten, die wir festnehmen, sagen, sie wären Opfer eines Justizirrtums. Früher war das auch so. Da hatten wir relativ häufig Fehlurteile. Die Quote lag bei ungefähr acht Prozent. Also acht Prozent richtige Urteilen. Mittlerweile hat sich die Situation aber drastisch verbessert, und wir liegen heute schon gut im zweistelligen Bereich. Unsere Justiz ist eben überlastet. Aber der Staat hat in den letzten Jahren sehr viel getan, diesen Zustand zu verbessern."

Das stimmt. Um die Gerichte zu entlasten, führte die Bundesrepublik 2075 das sogenannte „Ferngericht" ein. Über Skype werden Zeugen vernommen, Anwälte gehört und auch Urteile gesprochen. Positiver Nebeneffekt: Die Kostenersparnis ist enorm. Gerichtsgebäude sind überflüssig, ein Internetanschluss reicht.

Yannik K., Richter im Nebenerwerb am virtuellen Oberlandesgericht der Millionenmetropole Lemgo: „Ich finde, das ist 'ne prima Sache. Ich kann bequem von zu Hause aus arbeiten, brauch kaum noch Arbeitskleidung – sieht ja keiner, ob ich noch 'ne Schlafanzughose anhabe – und die Zeitersparnis ist gewaltig. Manchmal hau ich schon vor dem Frühstück 40 Verfahren durch. Mit allem Zipp und Zapp, bis hin zum Urteil." Der Richter beißt in sein Marmeladenbrötchen und wendet sich der Webcam seines iPhones zu, das auf dem Küchentisch liegt: „Der Angeklagte wird wegen Verstoßes gegen einen Paragrafen, der mir im Augenblick nicht vorliegt, zu 12 Jahren Haft verurteilt. Dieses Urteil wurde Ihnen präsentiert von IKEA – Zelleneinrichtungen mit Pfiff." Yannik K. schaltet sein Handy aus. „Feierabend. Okay, das mit der Werbung ist gewöhnungsbedürftig. Aber eine gute Justiz ist eben teuer. Und irgendwoher muss unser Gehalt ja kommen. Ansonsten kann ich an unserem Rechtswesen nichts Negatives sehen. Mein Urteil: Daumen hoch!"

Das sieht Mario W. anders. Der 24-jährige Hilfsarbeiter sitzt seit sechs Jahren wegen Veruntreuung von Steuergeldern im Gefängnis. „Ich hab immer nur von Sozialhilfe gelebt. Können Sie mir mal sagen, wie man da Steuern in Höhe von 15 Milliarden Euro veruntreuen kann? Eigentlich war ich nur als Zeuge per Skype geladen, wegen eines Parkremplers auf einem Supermarktparkplatz. Mein Pech war, dass der Richter – wohl, um Zeit zu sparen – gleichzeitig auf der anderen Leitung den Fall eines Berliner Politikers wegen irgendeines Flughafens verhandelt hat. Dieser Politiker konnte sich zu dem Parkrempler natürlich überhaupt nicht äußern und wurde deswegen umgehend aus der Verhandlung entlassen. Tja … mich hat's dann getroffen. Und in Revision gehen konnte ich ja auch nicht mehr."

Um langwierige und teure Gerichtsverfahren zu verkürzen, wurde vor fünf Jahren das Instrument der Revision abgeschafft. Nicht die einzige Verschlankung im deutschen Rechtswesen. Auch die von vielen Juristen als viel zu kompliziert eingestufte deutsche

Gesetzgebung wurde im Laufe der Zeit immer weiter vereinfacht. So enthält das Grundgesetz zurzeit nur noch zwei Artikel: 1) Die Kanzlerin hat immer Recht. 2) Hat sie einmal nicht Recht, tritt automatisch Artikel 1 in Kraft. Justizminister Maximilian Wagenknecht-Gysi dazu: „Wir sind damals beim Kegelausflug des Bundestags darauf gekommen. Da hing so ein uraltes Holztäfelchen in der Kegelbahn mit dem Spruch, dass nach Paragraph 1 der Wirt immer Recht hat, und Paragraph 2 lautet, dass, wenn er mal Unrecht hat, automatisch Paragraph 1 greift. Erst haben wir Tränen gelacht über diesen unglaublich lustigen Spruch, doch dann wurde uns langsam klar, welches Potenzial in diesem Holztäfelchen in Bezug auf eine Gesetzesreform steckt."

Eine Gesetzesreform ist wohl auch die einzige Chance, die Leonie Spielmann noch bleibt: eine Generalamnestie für alle Straftäter zur Entlastung des Justizvollzugs – geplant für das Jahr 2120. Bis dahin wünschen wir Frau Spielmann alles Gute und vor allem: solides Sitzfleisch.

DIE AUTOREN

Die Autoren dieses Bandes gehören seit vielen Jahren zu den renommiertesten Experten für das deutsche Justizsystem.

Ihr Interesse an der Welt der Rechtsprechung entwickelte sich bereits im Alter von acht Jahren, als sie gemeinsam Hubba-Bubba-Kaugummis aßen und den Western Hängt ihn höher *anschauten. Die Szene, in der ein Pferdedieb seiner Strafe am Galgen zugeführt wird, kommentierte der Großvater eines der Autoren mit den Worten: „So wird's euch auch mal gehen, wenn ihr nicht anständig bleibt, ihr Buben."*

Später am selben Tag fassten die Autoren zwei Entschlüsse:

1.) Sie würden sich umfassende Kenntnisse über Vorschriften, strafbare Delikte und die Folgen verschaffen, sprich: über das Justizsystem.

2.) Sie würden ihren Eltern nie wieder so dämliche Fragen stellen wie: „Äh, Hängen, macht man das auch, wenn man im Supermarkt Hubba-Bubba-Kaugummis geklaut hat?"

In den Achtziger- und Neunzigerjahren entwickelten sich die Autoren dann zu ausgewiesenen Kennern der deutschen Rechtsprechung und ihrer Anwendung. Hierzu unternahmen sie ausgedehnte Selbststudien, die umfangreich dokumentiert wurden, unter folgenden Titeln: AZ 1567/dfg-5098 FJD/Erreg.öff.Ärgernisses-1985, AZ 55787/kog-789 UgZ/Grob.Unfug-1992, AZ 1417/ttr-6319 LgD/Zechprell.-2001 und schließlich AZ 6392/gaq-814 LgR/Entblößung.i.d.Öffentlk.-2008. *In mehreren dieser Fälle ergab sich für die Autoren sogar die Möglichkeit, Anschlussrecherchen über ein benachbartes Fachgebiet durchzuführen: das bundesdeutsche Strafvollzugssystem, aufgezeichnet unter anderem in der umfangreichen Dokumentation* JVA Ossendf 2005, Führungsbericht Häftlg. 238-/7.

Dank jahrzehntelanger Erfahrung gelten die Autoren inzwischen ebenfalls als herausragende Fachleute für Urteile und Verurteilungen. So verurteilten sie mit aller Schärfe das Eintreten der Regierung von Helmut

Schmidt für den NATO-Doppelbeschluss, den ersten und zweiten Irakkrieg, die Qualität des ihnen am 5.12.1998 angebotenen Rinderfiletsteaks im Restaurant „Grüner Heinrich" in Köln-Mengenich und sämtliche deutsche WM-Aufgebote seit 1978.